SOBRE LA AUTORA

El primer libro de **Sarah Knight**, *La magia de mandar todo a la chingada*, fue un *bestseller* internacional que ha sido traducido a 15 idiomas distintos. Su trabajo también ha aparecido en *Glamour*, *Harper's Bazaar*, *Refinery29*, *Book Riot*, *Medium*, entre otros, aunque su pieza con mayor difusión hasta ahora es el diagrama de flujo «¿Me debería importar un carajo?» Después de renunciar a su trabajo corporativo para comenzar una carrera como freelance y mudarse de Nueva York a principios de 2016, Knight reside en República Dominicana con su esposo y muchas lagartijas. Lee más sobre ella en sarahknightauthor.com o síguela en Twitter e Instagram como @MCSnugz.

Arregla tu desmadre

Arregla tu desmadre

HAZ LO QUE DEBES PARA CONSEGUIR LO QUE QUIERES

Sarah Knight

DIANA

Título original: *Get Your Sh*t Together*

Sarah Knight
©2016, Emergency Biscuit Inc

Diseño de portada: Diana Urbano Gastélum
Imagen de portada: © Shutterstock / StockSmartStart
Diseño de interiores: María Alejandra Romero Ibáñez
Traducido por: Brenda Béjar Kleiman

Adaptación de portada: © Genoveva Saavedra / aciditadiseño

Esta edición se publicó por acuerdo con Little, Brown and
Company, NuevaYork, Nueva York, E.E. U.U.

Derechos reservados

© 2024, Editorial Planeta Mexicana, S.A. de C.V.
Bajo el sello editorial BOOKET M.R.
Avenida Presidente Masarik núm. 111,
Piso 2, Polanco V Sección, Miguel Hidalgo
C.P. 11560, Ciudad de México
www.planetadelibros.com.mx

Primera edición impresa en Booket: junio de 2024
ISBN: 978-607-39-1344-7

Impreso en los talleres de Bertelsmann Printing Group USA
25 Jack Enders Boulevard, Berryville, Virginia 22611, USA
Impreso en U.S.A. - *Printed in U.S.A.*

NOTA DE LA AUTORA

Hola, bienvenida a *Arregla tu desmadre*. ¡Gracias por leer este libro! Antes de profundizar más, quiero aclarar ciertas cosas.

Primero que nada, y a pesar del callejón sin salida en el que te encuentras, quiero aclarar que este no es un libro tradicional de autoayuda.

Es más como un libro de «ayúdame a ayudarte». Estoy aquí para cuando tu propio «yo» se interponga en el camino. Aceptémoslo: si pudieras ayudarte ya lo hubieras hecho sola, ¿cierto? También, a diferencia de muchos autores de autoayuda tradicionales, utilizaré malas palabras cientos de veces (e incluso inventaré nuevas modalidades), así que por favor no vayas a Amazon a quejarte de que esperabas miel sobre hojuelas y recibiste una buena dosis de realidad. Mi madre lee todas estas reseñas y le afecta mucho cuando la gente no me entiende.

Segundo, aunque tu vida sea un desastre —que yo te ayudaré a resolver—, esta no es la típica guía para hacer una limpieza de clóset.

No dedicaremos las siguientes páginas a juntar tus cachivaches físicos y agradecerles su servicio antes de enviarlos al Ejército de Salvación. En cambio, vamos a organizar tu desorden y cachivaches mentales, como tu carrera, tus finanzas, tus búsquedas creativas, tus relaciones y tu salud. Y lograremos todo esto sin ninguna bolsa de basura ni conversaciones introspectivas con abrigos de invierno.

Por último, solo para dejarlo todo muy claro: si estabas buscando consejos de feng shui, este libro tampoco es para ti.

¡No estoy juzgando! Solo quiero aclarar las expectativas. Para eso son las notas de autor.

¿Qué sí es este libro? Bueno, pienso en él como **un delicioso e insolente supermercado para ordenar tu mente y hacer tu vida más fácil y mejor.**

En serio, mucho *más* fácil y mejor sin importar dónde estés.

Puedes estar literalmente acostado en tu sofá, sentada en una parada de autobús o con los pies colgando de tu silla ergonómica detrás de un brillante escritorio, pero supongo que si escogiste este libro es porque, de alguna forma, estás en un bache. Y no debes apenarte por eso. Es muy fácil caer en un bache (incluso los literales). La gente lo hace todo el tiempo.

El tuyo podría tener la forma de unos cómodos pantalones deportivos y cerveza rancia. O podría ir de la mano con las jugosas opciones sobre la pensión que piensas cobrar si logras conservar tu trabajo que te roba el alma por cinco años más. O quizá —y esto es lo más probable— tu bache tiene la forma de una simple rutina: trabajo y finanzas y familia y amigos y demás desmadres que no logras sobrellevar, como tu descuidada salud (y tus aún más descuidados pasatiempos). Todo esto coronado por los sueños que solo admites con tus amigos después de unos tragos... o que estás demasiado asustada o ansiosa o abrumada para admitir.

¿Te suena familiar? Bueno, entonces, ¡ponte el cinturón! Porque este pequeño libro de «ayúdame a ayudarte» y guía de limpieza mental puede sacarte de tu bache y dejarte caer justo en la vida que deseas y mereces vivir. (En un apuro, hasta podrías ponerlo sobre un bache real para pisarlo y que tus zapatos no se llenen de lodo. Pero esto déjalo para después de que lo leas).

Arregla tu desmadre te muestra cómo establecer metas, cómo evitar pequeñas distracciones y obstáculos para alcanzar estos objetivos, y luego cómo imaginar y conseguir objetivos aún mayores que, hasta ahora, no creías posibles. Te ayudará a dejar de entorpecer tu propio camino, y a mantenerte fuera de él. Y te liberará de la mierda que crees que debes hacer, para dominar la mierda que tienes que hacer y poder comenzar la mierda que en realidad quieres hacer.

¿Qué tal eso para aclarar las expectativas?

Básicamente, este libro hará por tu vida lo que Tim Ferris hizo por la semana laboral: dividirla en pequeñas tareas manejables que te dejen suficiente tiempo libre para perseguir tu sueño de convertirte en un empresaria/oradora/sociópata autosatisfecha.

Estoy bromeando. Pero sí hará la primera parte si continúas leyendo.

ÍNDICE

II
DESMADRITOS: CONQUISTAR EL DÍA A DÍA
PARA CONSTRUIR UN MEJOR FUTURO

IV
DESMADRES PROFUNDOS: SALUD MENTAL, CRISIS EXISTENCIALES Y HACER GRANDES CAMBIOS EN LA VIDA

INTRODUCCIÓN

Todos tenemos nuestro momento de «¡oh, mierda!»

Te puede suceder cuando comparas el saldo de tu cuenta con el de tu tarjeta de crédito y descubres para qué se inventó la protección contra sobregiros, o cuando te pones tus pantalones favoritos y te das cuenta de que no te quedan desde hace dos tallas. O quizá cuando te despiertas junto a la que era tu persona favorita y te das cuenta de que va contigo desde hace dos *años*.

¡Ay!

Mi más reciente «momento de esos» llegó cuando por fin noté que la razón por la que era tan infeliz todo el tiempo era porque ya no amaba mi trabajo, y no solo *ese* trabajo con *esa* compañía en particular, sino la carrera completa: ya no le quería dedicar el resto de mi vida. No fue lindo. Y le siguieron un montón de «¿Y ahora qué mierdas voy a hacer» y «¿Cómo diablos voy a hacerlo?» antes de poder dejar de correr en círculos para comenzar a lograr algunos grandes cambios en mi vida.

Ahora estoy aquí para mostrarte cómo tú también puedes hacer grandes cambios. O pequeños. Lo que tengas que hacer para ser feliz.

¿Honestamente? Solo tienes que arreglar tu desmadre.

Insisto, NO ESTOY JUZGANDO. Es totalmente comprensible si ningún cambio de verdad (de cualquier tamaño) consiguió llegar a tu lista de tareas pendientes. Una cosa es tener un momento de «oh, mierda» y otra muy distinta es *hacer algo al respecto*. En especial si eres de ese tipo de personas que no tienen idea de dónde empezar. O quizá tienes problemas para comenzar, pero vas perdiendo fuerza antes de terminar: hay mucho por hacer pero no el tiempo suficiente, e incluso si pudieras hacerlo todo, por el amor de Dios, ¿cómo evitas enloquecer en el camino?

Te lo aseguro, es posible.

Obtener, tener y mantener tu desmadre te permite llegar a conclusiones que potencialmente podrían cambiar tu vida para después poder avanzar hacia el lado de «hacer algo al respecto». Es increíble. Y ninguna de estas cosas es tan difícil como crees: solo necesitas una manera diferente de pensar y actuar sobre tu desmadre de la que estás acostumbrado.

Una mejor manera. Una más *sencilla*.

Y funciona aunque seas una persona de bajo rendimiento o un caso totalmente perdido. Créeme, lo sé por experiencia.

● ● ●

Hace un par de años estaba tan deprimida que apenas podía dejar la cama por la mañana. Temía la simple idea de salir por la puerta de mi casa para llegar al metro, porque el metro me llevaba a un lugar que comenzaba a sentirse menos como una oficina y más como un templo de la perdición. Ya había tenido estos sentimientos durante al menos un año antes de eso, y comenzaban a traducirse en grandes ataques de pánico, pero había pasado 15 años luchando por conseguir un lugar en la jerarquía corporativa: no podía salirme de ahí solo porque estaba un poco triste, ¿o sí?

Dado todo el tiempo y energía que ya le había dedicado, tenía que mantenerme comprometida incluso si ya no amaba lo que hacía, ¿cierto? (Una pista: NOP).

Me tomó bastante tiempo darme cuenta de que había muchas otras cosas que *podía* hacer con mi vida si tan solo pudiera lograr dejar de preocuparme por lo que *debería* hacer.

Consideraría un honor ahorrarte todo ese tiempo de debatir contigo mismo sobre si debes quedarte en la cama (o debiéndole a la tarjeta de crédito, o en una mala relación o en pants) en vez de enfrentar la realidad. Porque una vez que enfrentas la realidad, puedes comenzar a moldearla a tu antojo.

Eso es lo que pasa cuando arreglas tu desmadre.

Una vez que identifiqué lo que realmente quería —trabajar por mi cuenta y entrar a exactamente cero juntas al día— no volví a mirar hacia atrás. No solo renuncié a mi seguro y estático trabajo corporativo para tomar el riesgo de ser una persona autónoma, sino que entendí algo más: ser una profesional independiente me permitiría comunicarme desde donde fuera. No solo desde mi sillón en Brooklyn, sino también al pie de una alberca en el Caribe.

Y, ¡oh, esperen!, quizá podría mudarme al Caribe. Eso sería bueno también, ¿no?

Así que lo hice, y en la primera parte de este libro te enseñaré cómo resultó.

No quiero asustarte. Esos fueron grandes cambios de vida 100% certificados pero, como dije, *Arregla tu desmadre* también puede ayudarte a hacer un montón de cambios pequeños.

Por ejemplo, ¿alguna vez te has sentido atrapado en la oficina, o simplemente no te puedes levantar del sofá, cuando lo que realmente quisieras es salir (para variar), ir al gimnasio (por fin), o comenzar ese proyecto que algún día vas a concretar y que ha estado rondando en tu lista de pendientes desde... el inicio de los tiempos?

Todos hemos estado ahí. Todos hemos alcanzado ese punto en el que no podemos trabajar más o enfrentar a otro maestro de pilates presumido o inscribirnos en esas clases introductorias de portugués en la única tarde que tenemos libre al mes.

Por supuesto, todos también conocemos gente que parece navegar por la vida sin esfuerzo, partiendo madres; personas que siempre tienen un plan, no se detienen en los detalles y sus listas de pendientes están llenas de *listo, listo y ultralisto*. Nueve de ellos probablemente son robots sobrehumanos construidos por el gobierno, pero estoy dispuesta a apostar que el resto también podría usar algo de ayuda para arreglar su desmadre.

Incluso tal vez esa persona que acabo de describir —la que tiene un calendario repleto de comidas de negocios importantes— *eres tú*. Y quizá comienzas a notar que esas largas horas no justifican que tus tarjetas estén impresas en un material bonito. Que las ventas especiales en la empresa y las carreras de 10 kilómetros de beneficencia —que han consumido tus fines de semana del último año— son la razón por la que no has comido con tus amigos desde que ellos también intentan «aprender portugués» para tacharlo de su lista de pendientes (todos te odian un poco, pero no saben que estás pasando por un momento difícil).

¿Qué pensarías si te digo que hay un camino para todos nosotros que te lleva directo a la vida que quieres vivir? ¡Es verdad! Este libro tiene algo para cada uno.

✔ ¿Tips para volverte más organizada, motivada y puntal? **Listo.**

✔ ¿Trucos para ahorrar dinero, poner límites y tener conversaciones difíciles con amigos, familia y colegas? **Doblemente listo.**

✔ ¿Y qué hay de los consejos para trascender las tonterías diarias para que por fin puedas concentrarte en tus grandes sueños, como cambiar de carrera, comprar una casa o simplemente mudarte del sótano de tus padres? **Estás. De. Suerte. Todo está aquí.**

Sé lo que estás pensando. *¿Cómo tanta bondad puede estar contenida en un volumen tan pequeño?*

Es una pregunta válida. La respuesta es: no estoy aquí para enseñarte cómo hacer un millón de cosas distintas, no hay suficiente gel desinfectante en el mundo para todos esos saludos de mano. **Estoy aquí para enseñarte cómo abordar las diferentes cosas de tu vida para que lo puedas hacer a tu propia manera y en tus propios horarios.** Mis métodos aplican para todo tipo de desmadres. Y, como suceden cosas extrañas, he tenido cierto éxito en ayudar a la gente a hacer cambios en su vida utilizando simples consejos, un montón de malas palabras y uno que otro diagrama ocasional.

● ● ●

Mi primer libro, *La magia de mandarlo todo a la mierda*, era sobre cómo dejar de pasar tiempo que no tienes con personas que no te gustan, haciendo cosas que no quieres. El *New York Times* lo consideró como «el equivalente de autoayuda a una canción de parodia de Weird Al» y la revista *Observer* me nombró una antigurú. Probablemente nada de esto tenían en mente mis padres cuando me enviaron a Harvard, pero aquí estamos. Personas de todo el mundo sienten la carga de que sus mierdas les importen demasiado, y yo les ayudé a liberar esta carga al enseñarles cómo les pueden importar menos y mejor.

Por supuesto, también dije cosas como: «A veces está bien lastimar los sentimientos de los demás» y «Usa un vestido de cuero y tacones de aguja en tu evaluación de desempeño e inmediatamente te convertirás en la alcaldesa de Te Vale Madrópolis». Así que... sí, antigurú me queda bien. Quizá obtenga una placa para mi silla.

En fin, si leíste el libro, conoces mi cruzada a favor del **despeje mental**. (Si no lo leíste, bueno, no quiero ser mañosa, pero hay un montón de ejemplares en circulación).

CURSO INTRODUCTORIO DE DESPEJE MENTAL

Al igual que despejar tu espacio físico, despejar tu mente toma dos formas: **descartar y organizar.** Con el objetivo de que te importen menos y mejores mierdas —para sacarle provecho a tu tiempo, energía y dinero limitados— tienes que descartar las obligaciones (o cosas, eventos, personas, etcétera) que te molestan para hacerles espacio a aquellas a las que estás feliz de dedicarles tiempo, energía y dinero. Eso se llama hacer un **«Presupuesto de Mierdas»,** y lo recomiendo mucho.

Arreglar tu desmadre es **organizar** lo que te queda (en forma de tiempo, energía y dinero) y **utilizar esos recursos con sabiduría** no solo en las cosas que *necesitas* hacer, sino en las cosas que *quieres* hacer, pero que requieren un esfuerzo extra y no puedes lograr. Grandes cambios, pequeños cambios, lo que sea. No comienzan con limpiar tu garaje. **Los cambios comienzan limpiando tu mente.**

Afortunadamente, **limpiar tu mente es una misión solitaria.** Si vives en una casa con familia o compañeros de cuarto, su desorden físico se convierte en tu desorden físico. Tienes que decidir cuántos dispensadores de caramelos Pez

---

de ediciones limitadas coleccionas en tus repisas y cuáles pantuflas de hotel que robaste de tu luna de miel conservas. Mientras que con el despeje mental no tienes que ordenar la mierda de nadie más que la tuya. Incluso si vives en un crucero de Disney con otras 7 000 personas (que en verdad espero que no), tienes el dominio total y completo del interior de tu cabeza. Eres el juez, jurado y verdugo... aunque pensándolo bien, eres la jefa. **Eres la Tony Danza de tu mente.**[1]

En resumen: *necesitar* o *querer* que te importe algo no es lo mismo que *en realidad lograrlo*. Para eso también debes tener tu desmadre arreglado.

Por ejemplo, quizá te importe hacer un viaje y estés dispuesto a dedicarle a la causa tu tiempo, tu energía y hasta tu presupuesto de «a la mierda», pero si no tienes arreglado tu desmadre, es muy probable que ni siquiera tengas un presupuesto *real* para eso. Puedes despejar tu calendario de todas las obligaciones que quieras (¿a quién le importa el día de llevar a tu hijo al trabajo? ¡A ti no!), pero sin los fondos suficientes, pasarás las vacaciones perdiendo el tiempo con algún anticuado juego de Nintendo desde tu futón.

O quizá decidiste que lo que verdaderamente importa en la vida es tener una tina de baño y estás listo para decir: «¡Al diablo con esa pequeña regadera que me obliga a rasurarme como un flamenco contorsionista!» En este caso hipotético, tienes los fondos para volver realidad tu sueño de un spa casero, pero te falta la iniciativa para comenzar. Supuestamente te importa la facilidad de uso, la comodidad y los baños de burbujas, pero esa

---

[1] ¿O la Judith Light? En realidad no sé quién de ellos era el jefe en *¿Quién manda a quién?*

tina de baño requerirá una completa renovación y no tienes los recursos para comenzar un proyecto tan grande (contratar a un plomero, escoger una tina, encontrar dónde hacer pipí durante las dos semanas que tomará el trabajo). En vez de eso, sigues golpeándote los codos con la puerta cada vez que intentas alcanzar el champú para lavarte el cabello.

Podemos trabajar con eso. *Arregla tu desmadre* incluye:

- ✔ Quién tiene que arreglar su desmadre y por qué
- ✔ Tres herramientas simples para arreglar y mantener tu desmadre
- ✔ El poder del pensamiento
- ✔ Cómo salir del trabajo a tiempo y ahorrar dinero a la vez
- ✔ Manejo de ansiedad, evitar la evitación y conquistar tu miedo al fracaso
- ✔ Hacer grandes (y pequeños) cambios de vida
- ✔ ¡Y toneladas de otras cosas increíbles!

Y aunque te diré cómo lo logré yo (porque es un ejemplo bastante instructivo para arreglar tu desmadre), te prometo que este libro no solo es una guía elegantemente disfrazada para renunciar a tu trabajo y mudarte a una isla: no estoy aquí para tratar de imponer mis elecciones de vida como un maldito vegano. Quizá seas una persona que disfruta su sueldo constante y el crujir de las hojas de otoño o lo que sea. O tal vez quieres esforzarte en cambios más pequeños o amorfos. Todo se vale. Solo estoy aquí para ayudarte a acceder a un conocimiento simple y universal para arreglar tu desmadre, para lo que soy un buen y dispuesto conducto.

Funcionó con mi esposo, no veo por qué no funcionaría con un público más amplio.

• • •

Ah, y una cosa más:

En este libro, «arregla tu desmadre» no es un reproche:

Es un grito de batalla.

Lo admito, en ocasiones me descubro pronunciando esas tres palabras de forma desesperada. Probablemente tú también. Me sucede regularmente con las personas que llegan tarde y con excusas terribles; con los amigos que se quejan de las consecuencias totalmente predecibles de sus terribles elecciones de vida, y con los pasajeros que piensan *que sentarse donde caiga es* una opción viable en vuelos reservados.

Este libro reconoce que todos *somos* personas: si no siempre, al menos de vez en cuando. Me hubieran visto tratando de presentar mis impuestos el año pasado. Era como un ciego guiando a otro ciego guiando a un niño borracho. Se cometieron varios errores.

Pero básicamente tengo mi desmadre arreglado alrededor de 95% del tiempo (excepto cuando se trata de entender los impuestos sobre la renta), y tú también podrías. Hasta ahora, probablemente estabas muy ocupada interponiéndote en tu propio camino, pero te aseguro que el potencial y las herramientas están ahí. Te enseñaré dónde y cómo usarlos.

Cuando terminemos tendrás *tu* desmadre arreglado y tal vez hasta escribas un libro sobre cómo mierdas presentar tus impuestos como un maldito adulto y yo seré la primera en la fila para comprarlo.

¿Es un trato?

Fantástico. ¡Hagámoslo!

DE QUÉ HABLAMOS CUANDO HABLAMOS DE ARREGLAR TU DESMADRE

Vamos a facilitar todo estableciendo los fundamentos.

Primero que nada, identificaré **quién tiene que arreglar su desmadre y por qué.** Esto incluye una divertida historia sobre cómo perdí todo mi patrimonio en un centro comercial de Nueva Inglaterra. Después explicaré mi filosofía sobre «cómo ganar en el juego de la vida». (No es la versión de Charlie Sheen. Ese tipo no solo le dio a la palabra *ganar* una mala reputación, sino que consiguió que lo despidieran de un programa de comedia bastante famoso). Luego te guiaré por **uno de los muchos y detallados ejemplos para arreglar tu desmadre** y te mostraré por qué **la vida es como un libro de colorear para adultos.** Si juegas bien tus cartas, quizá hasta haya de verdad un EJERCICIO PARA COLOREAR dentro.

Como lo dije, este es un supermercado.

Por último, te presentaré un concepto muy importante: **el poder del pensamiento negativo,** y te revelaré cómo **tres pequeñas herramientas cotidianas** pueden ayudarte a arreglar tu desmadre.

Te sorprenderá saber que en todo este tiempo ya contabas con una de ellas.

QUIÉN TIENE QUE ARREGLAR SU DESMADRE Y POR QUÉ

Afortunadamente para mí, mucha gente necesita este libro. Estas personas caminan entre nosotros, tirando sus teléfonos al inodoro, olvidando pagar sus cuentas, yendo a entrevistas de trabajo vestidas como Frenchy de la segunda temporada de *Rock of Love*. Esta lista incluye pero no se limita a tus amigos, familiares, compañeros de clase, colegas, completos desconocidos y a ese tipo que me pidió que le enviara de forma gratuita una copia autografiada de mi primer libro a Marruecos porque no lo podía encontrar ahí ni tampoco pagar los gastos de envío. Ese tipo necesita de inmediato un tutorial en vivo.

Pero sin importar quién seas, **es importante reconocer que no tener tu desmadre arreglado no te convierte automáticamente en una mala persona.**

Es cierto, Justin Bieber no tiene su desmadre arreglado y las probabilidades apuntan a que es un auténtico cretino, pero él es un caso especial. (¡Llámame, Justin!). Para la mayoría de nosotros no tener nuestro desmadre arreglado es simplemente un **estado inconveniente del ser,** no un defecto de carácter. Y la buena noticia es que, a diferencia de otros estados del ser potencialmente desagradables, como ser «demasiado chaparro» o «de

Tlaxcala», se puede modificar sin varillas de acero ni falsificar tu acta de nacimiento.

Entonces, ¿quién eres tú y de qué manera le falta orden a tu mierda? Echemos un vistazo al espectro reconociendo tres arquetipos culturales conocidos como «Alvin y las ardillas».[1]

TEODORO: relativamente sin esperanza

El hermano más pequeño de las ardillas que cantan, Teodoro, es dulce, agradable e inocente. Está dispuesto a hacer el recorrido, pero nunca en el asiento del conductor. Como Teodoro, algunas personas no pueden lograrlo, punto. Punto final. Constantemente se derraman cosas encima (y a los demás), pierden sus cosas (y las de otras personas) y hacen la vida mucho más complicada para ellos (y para todos los demás) de lo que debería ser.

Estas son personas que —por más agradables y bienintencionadas que sean— llegan tarde de forma crónica, no se preparan y están abrumadas.

Tienen que abrir su maleta en el mostrador de la aerolínea para sacar dos pares de zapatos, una taza de *souvenir* y una jarra con arena de pla-

> DESMADRES que
> los Teodoros deben
> arreglar
>
> - Llegar a tiempo
> - Seguir instrucciones
> - Recordar dónde dejaron las cosas
> - Mantener sus calendarios al día
> - Tener un calendario de verdad

---

[1] Aparecieron por primera vez en la televisión estadounidense en *El show de Alvin* en 1961. Estos adorables roedores cantarines ganaron popularidad tanto con la caricatura que duró de 1983 a 1990, *Alvin y las ardillas*, como con las películas de acción subsecuentes, lanzadas a nivel mundial con secuelas que todavía se producen mientras escribo esto. ¡Una gran franquicia!

ya, cosas que ocasionaron exceso de equipaje. Luego tienen que descubrir frenéticamente cómo meter todo eso al avión antes de que reclamen las demás personas de la filas. Si eres un Teodoro, no temas: no todos los días tienen que ser una batalla épica. Continúa leyendo.

ALVIN: navega bien, pero es incapaz de ir a la máxima potencia

La ardilla mayor es divertida y habla bien, pero no planea a futuro, cosa que la mete en problemas. Alvin es del tipo de «fíngelo hasta que lo consigas». Donde el equilibrio entre *conseguirlo* y *no conseguirlo* se inclina hacia lo segundo. Cuando las cosas se ponen difíciles regularmente es por su culpa, y él suele huir, lo que ocasiona el famoso grito desesperado de «¡Alllllllllvin!» por parte de su papá humano-mánager adoptivo, Dave. (Son una familia de caricaturas, no hay que cuestionar mucho).

Los Alvin —los humanos, no las caricaturas— logran hacer las cosas del día a día, pero cuando se trata de hacer planes a gran escala, flaquean. Estas personas llegan a casa después de un día relativamente productivo en el trabajo y hacen la cena en el microondas porque la puerta del horno lleva descompuesta desde hace tres meses y no han podido lidiar con eso. O pueden manejar perfectamente un equipo de beisbol de ensueño, pero cuando se trata de planear el retiro, de pronto los números y las estadís-

DESMADRES **que los Alvin deben arreglar**

- Cumplir con los tiempos de entrega a propósito, no por accidente
- Mantenerse en un presupuesto
- Mantenerse a dieta
- Planear eventos
- Planear lo que sea con una semana de anticipación

ticas no sirven de nada. Por último, los Alvin nos ponen al resto —jefes, colegas, amigos, coristas, etcétera— nerviosos. Nos dan la sensación de: «Se ve agradable, pero ¿puedo confiar en él?» A la larga, las posibilidades se agotan, las oportunidades se acaban y se convierten en otra banda más de chicos que murieron en el intento.

No tiene que ser de esta forma. Si ustedes los Alvin ordenan un poco el reguero, pueden arreglar su desmadre para cosas más grandes, lo prometo. Están a un toque de disciplina y una pizca de voluntad de hacer cosas legendarias.

SIMÓN: mantiene las apariencias mientras se autoflagela y muere poquito

Por último está Simón. El hermano de enmedio, mago del ajedrez, con lentes de fondo de botella y cuello de tortuga azul. Él siempre está presionando a Teodoro, limpiando el relajo de Alvin y, en general, haciendo más por la familia que Michael Corleone por la suya.

Los Simones son objetivamente trabajadores y exitosos, y saben cómo utilizar un maletín. En sus hornos totalmente funcionales y de calidad rostizan pollos de forma regular. Planean banquetes elaborados, nunca le dicen que no a un amigo que los necesita y son muy pero muy buenos con las hojas de cálculo de Excel. Otras personas se maravillan con los Simones, cuya gracia para apagar incendios se complementa con sus cinturones, zapatos y bolsos de mano perfectamente combinados.

Sí, el desmadre de Simón parece arreglado... pero por debajo de la superficie tal vez no lo esté.

Todos conocemos bastantes Alvin y Teodoros. No son difíciles de encontrar —llegan 15 minutos tarde a las juntas o te llaman frenéticamente cinco minutos después porque se acaban de dar cuenta de que ni siquiera saben dónde es la reunión para empezar—.

Los Simones son más difíciles. Perfeccionaron la ilusión de que tienen su desmadre arreglado y operan bajo la engañosa creencia de que estar **muy requerido, repleto de citas y permanentemente en llamas** es lo mismo que «ganar». Se hacen pasar por abejas trabajadoras y personas perfectamente productivas y sobresalientes: pero su vida está hecha un desmadre aunque no lo puedas ver.

Domino el tema porque solía conocer bastante bien a un Simón en particular:

Yo.

ARREGLÉ MI DESMADRE PARA QUE TÚ NO TUVIERAS QUE HACERLO

En el pasado solía tener mi desmadre tan aparentemente arreglado que nadie podía ver, deja tú imaginar, la agitación que sucedía dentro de mi cerebro y mi cuerpo. Estaba tan sobrecomprometida, que mi vida no eran operaciones quirúrgicas sino evaluaciones rápidas. Sí, lo tenía resuelto en el sentido de que si me ponías un problema, yo lo resolvía. Un proyecto, podía completarlo. Ante una pregunta filosófica complicada sobre el estado de tu relación amorosa, podía opinar de forma convincente. Era hija, amiga, estudiante, empleada, jefa, esposa, editora, porrista, psicóloga, caja de resonancia y, en general, una **ninja «resuelveproblemas»**.

Pero hace siete u ocho años se me presentó un problema que no supe cómo resolver.

Me había sentido mal casi toda la semana. Me dolía el estómago. Me dolía la cabeza. No podía respirar profundo y me preguntaba de forma periódica si mi nuevo brasier estaba ocasionando todos estos problemas. (*Spoiler alert:* no era eso). Mientras me arreglaba para ir al trabajo un día, le comenté a mi esposo que sentía náuseas.

—¿Tal vez estarás cruda? —me dijo.

Mientras que esta hipótesis no era descabellada a principios de mis treintas (está bien, incluso ahora que tengo casi 40), estaba segura de que eso no era lo que ocasionaba la tormenta tropical que comenzaba a formarse en alguna parte de mi pecho.

En retrospectiva, tal vez debí llamar al trabajo para decir que estaba enferma. Era un viernes de verano, así que solo teníamos que ir medio día y la mayoría de las personas, incluyendo a mi jefe, estaba de vacaciones. Además: realmente me sentía enferma. ¡Pero Simón tiene cosas que hacer! Así que Simón abordó el tren.

Mi odio por el metro de la ciudad de Nueva York es considerable (y está bien documentado), y se magnificó todavía más después de lo que sucedió esa mañana: me sentí como si fuera a vomitar durante 15 agotadoras estaciones hasta que salí corriendo del vagón en la Calle 59 y apuré el paso para llegar a la oficina y poder vomitar en paz. O al menos no en un basurero o en las escaleras del metro.

Ahí estaba, sosteniendo mi cabeza en el retrete del decimosegundo piso de una importante casa editorial y… nada. Aparentemente la tormenta todavía estaba cobrando fuerza fuera de la costa. Fui a mi lugar, encendí la computadora y le escribí un correo a mi esposo: «Ay, todavía me siento terrible». Luego llegó otra arcada y me apuré por el pasillo hasta el baño. Otra vez: nada.

¡Mierda! ¿Estoy embarazada?

De vuelta en mi silla giratoria, intenté ponerme cómoda para hacer el trabajo por el que había ido a la oficina ese día. Después de todo, ¡tenía mi desmadre arreglado! Era movida y con energía, del tipo que dice «sí» a todo. «Triunfo en la adversidad» era lo mío.

Pero entonces mis brazos comenzaron a dormirse. Eso era nuevo. Ahora *en realidad* no podía respirar. Me levanté y mi visión se nubló.

«¿Fui... envenenada?» Ahí me llevó mi cerebro. No te miento. ¡ME ENVENENARON, OBVIAMENTE!

Logré salir a tumbos de mi oficina, me apoyé en el cubículo de una amiga y le supliqué: «Llama a mi esposo, por favor. Estoy muy mal». Ella sabiamente llamó primero a la enfermera del lugar. Luego unos guardias de seguridad trajeron una silla de ruedas para moverme, porque no podía caminar, y me dejaron en la oficina de la enfermera, donde —y les estoy ahorrando las siguientes tres horas de esta historia— me dijeron que no, no estaba embarazada ni había sido envenenada, sino que probablemente tenía un ataque de pánico.

«¿Es en serio? —pensé—. ¿Con esa mierda tengo que lidiar ahora? ¿Ataques de pánico?»

Otra vez, ahorrándoles el largo y sinuoso camino desde que sufrí el primer ataque hasta que renuncié a mi trabajo corporativo, comencé a tomarme las cosas a la ligera; escribí mi primer libro, y luego escribí el libro que sostienes en las manos, la lección que aprendí fue que: **solo porque estás haciendo un montón de cosas todo el día, todos los días, no significa que tienes tu desmadre arreglado.**

Significa que eres una lista de pendientes humana al borde de un colapso mental y físico. Es decir: un Simón.

Así que reúnanse alrededor, queridas ardillas, y escúchenme cuando les digo:

✗ Arreglar tu desmadre **no** significa saturar tu calendario hasta el tope solo por el hecho de saturar tu calendario hasta el tope.

✘ **No** significa hacerse la dura, hacer todo en tu lista de pendientes, luego hacer todo en la lista de pendientes de alguien más, y hacerlo para ayer.

✘ Y **tampoco** significa sacrificar tu salud mental y física por la causa.

Lo que **sí** significa —para mí y para todos los Alvin, Simón y Teodoro del espectro— es *manejar* tu calendario y lista de tareas pendientes de tal manera que las mierdas que tengas que hacer se hagan sin volverte loco en el intento.

Yo le llamo a esto «ganar en la vida».

GANAR EN LA VIDA
(SIN SER UN CRETINO INSUFRIBLE)

Cuestión de orden: no tienes que ser una persona competitiva innata para ganar en la vida. Por supuesto, bajo ciertas circunstancias puede ser extremadamente satisfactorio aplastar a tus enemigos, verlos rendirse antes que tú y oír las lamentaciones de sus mujeres. Si te gusta destruir de forma categórica a tus oponentes, probablemente no deberíamos jugar juntos al Monopoly, aunque te respeto, mafioso. Pero si lo tuyo no es «ganar» a expensas de los otros, también está bien, pequeño blandengue.

En mi libro —y en el juego de la vida— estás compitiendo exclusivamente contra ti. No contra otros jugadores, ni siquiera la computadora. Solo tú, abriendo tu camino hacia la victoria, arreglando tu desmadre y dejando de entorpecer tu propio camino.

Ganar es obtener lo que *tú* quieres de *tu* tiempo en el planeta Tierra, lo que sea que eso signifique. Podría ser la casa, el trabajo, el auto, la pareja o el corte de pelo de tus sueños.

Ganar sucede cuando traduces tus sueños en acciones y tus acciones modifican tu realidad. Es vivir TU mejor vida, sin negar la de nadie más o ser un cretino insufrible como el señor Carlos Irwin Estévez. Esa es mi filosofía básica, y espero que te sirva para andar. O correr, o nadar o dar maromas: no soy quisquillosa y esto no es una carrera.

LA VIDA ES COMO UN LIBRO DE COLOREAR PARA ADULTOS

Muy bien, ahora sí estamos yendo al grano. Te mostraré **cómo se ve en realidad el proceso de arreglar tu desmadre y ganar en la vida.**

Para mí esto significa vivir en el trópico y trabajar por mi cuenta. Para ti podría significar obtener un aumento o simplemente pasar una semana sin ahogarte en tu propia bandeja de entrada. Tal vez es circunnavegar el mundo en un kayak de origami. No conozco tu vida. Pero lo más bello de tener tu desmadre limpio es que todo es posible.

Arreglarlo requiere tres pasos:

1. **Crea una estrategia:** establece un objetivo y haz un plan para lograrlo en una serie de tareas pequeñas y manejables.
2. **Enfócate:** aparta un poco de tiempo para completar cada tarea.
3. **Comprométete:** haz lo que tengas que hacer para terminar tus tareas.

Así es como se veían para mí estos tres pasos a raíz de ese momento de «oh, mierda» que mencioné antes:

Para conseguir mi OBJETIVO de renunciar a mi trabajo corporativo con todos sus beneficios, necesitaba una reserva de efectivo. Primero me puse al tanto con mis amigos que trabajaban por su cuenta. Les pregunté: «¿Una vez que comenzaron sus propios negocios, cuánto tiempo les tomó conseguir trabajos y, después de esto, cuándo comenzaron a pagarles por esos trabajos?» Tomando en cuenta sus respuestas en mis propios planes, concluí que tres meses de gastos —hipoteca, seguro, factura de teléfono, fondo para la pizza, etcétera— me ayudarían a sobrevivir mientras arrancaba mi propio negocio de manera independiente.

Cuando sumé mi presupuesto mensual y lo multipliqué por tres... bueno, era un montón. Los fondos de reserva lo suelen ser. Así pues, mi ESTRATEGIA era amortizar, una palabra elegante para decir **«dividirlo en una serie de tareas pequeñas y manejables que puedes distribuir en el tiempo».** Saqué las cuentas. Ahorrar ese dinero en dos semanas sería imposible, pero ahorrarlo en un año era totalmente factible.

Acto seguido, hice una tabla con 365 cuadros y la colgué en mi refrigerador. Cada cuadro representaba un día de ahorros. Luego cada mañana, durante todo un año, me ENFOQUÉ un par de minutos: encendí mi aplicación del banco, transferí una cantidad de dólares de mi cuenta corriente a mi cuenta de ahorros y utilicé un marcador rojo para colorear el cuadro correspondiente de mi tabla.

Todos los días, un pequeño COMPROMISO. Ni siquiera lastimó mi bolsillo, porque dividí mi objetivo general en 365 miniobjetivos.

Mientras pasaba el tiempo y era testigo de cómo un mar rojo avanzaba en mi refrigerador, comencé a emocionarme por lo que representaba: dinero contante y sonante, sí, pero también libertad de toda esa mierda corporativa (y, a la larga, luz del sol durante todo el año y acceso ilimitado a palmeras). Y porque avanzaba con calma hacia mi meta en **tareas pequeñas y manejables,** era incluso capaz de asumir otras cosas que *quería* sin sentirme abrumada.

Por ejemplo, durante el transcurso de dejar mi trabajo y comenzar mi propio negocio (y, esencialmente, como resultado directo de tener mi desmadre arreglado en esos frentes), llegué a un acuerdo para escribir *La magia de mandarlo todo a la mierda.* ¡Viva! Pero había una trampa: el libro —con todo y sus 40 000 palabras— tenía que estar terminado en el lapso absurdamente corto de un mes.

Leíste bien. *Un maldito mes.* Once meses menos de lo que tomó ahorrar todo ese dinero, ocho meses menos de lo que toma gestar a un ser humano y dos meses menos del periodo de prueba durante el cual puedes someter a juicio un colchón Casper de 1 000 dólares y solicitar una devolución si no estás completamente satisfecho.

Bueno, quería escribir el libro, quería alcanzar el plazo límite y no quería volvernos locos ni a mi esposo ni a mí. ¿Qué es lo que hice? Miré el calendario e hice otro plan. Determiné que tenía que generar un cierto número de palabras al día (tomando en cuenta algunos días libres de forma ocasional porque... la cruda); luego aparté cierto tiempo cada día, me senté y, ya saben, lo hice.

Crear una estrategia, enfocarte, comprometerte.

Así es como se ve cuando tienes tu desmadre arreglado.

Lo mismo sucedió con construir una casa y mudarme al Caribe. Sí, requirió ciertos sacrificios, pero así como con mi «Fondo para dejar mi trabajo», distribuí estas tareas en el tiempo. Mi esposo y yo **creamos una estrategia** sobre lo que podíamos pagar y cuánto tiempo tomaría; nos **enfocamos** en partes pequeñas del todo (él solicitando préstamos y yo comunicándome con el arquitecto), y nos **comprometimos** —financiera y psicológicamente— tanto para el objetivo general como para los miniobjetivos más fáciles en el camino.

De esta manera, **la vida es como un libro de colorear para adultos.** Simplemente trabajas en cada pequeña sección hasta que el cuadro completo se materializa ante ti.

Cuando la nueva casa estuvo lista, tuvimos que poner en venta el departamento de Brooklyn. Cuando vendimos el departamento, fue momento de deshacerse de los muebles. Luego organizar la mudanza. Luego empacar. Luego despertar en el paraíso con los pájaros gorjeando y las palmeras balanceándose y OH, POR DIOS, ¿ESO ES UNA ARAÑA GIGANTE?

Pero estoy divagando.

¡Toma esos lápices para colorear, pues te ganaste un pequeño ejercicio para ilustrar mi punto!

EJERCICIO:
Arregla tu desmadre

TUS LLAVES, TELÉFONO Y CARTERA REALES Y METAFÓRICOS

Si todavía sigues aquí, ¡felicidades! Pues las cosas se van a poner SERIAS. Te mostraré **tres herramientas** para arreglar tu desmadre y, como lo dije anteriormente, te sorprenderá saber que ya cuentas con ellas.

Verás, tengo una teoría de que «arreglar tu desmadre» —metafóricamente hablando— es como saber dónde están tus llaves, tu teléfono y tu cartera. Con estas tres pequeñas cosas puedes hacer grandes cosas, como abrir tu casa u ordenar comida china

o comprar un boleto de autobús. Son accesorios esenciales para la vida. Así que cada vez que alguien me dice que perdió alguno de estos objetos, yo siempre pienso: «En serio, arregla tu desmadre.»

Si creías que ya se habían acabado las anécdotas, acá va otra historia.

Imagínalo: un centro comercial en el sur de New Hampshire en 1990. Dos niñas de 12 años, libres y sin preocupaciones, fantaseando sobre unos jeans Guess? y un Orange Julius en nuestras mentes preadolescentes.

Me habían dejado ahí con mi amiga Emily y todos mis ahorros de cumpleaños y Navidad listos para ser gastados. No teníamos mucho dinero cuando era niña, y como mi cumpleaños caía en diciembre, el final del año siempre se sentía como ganar la lotería. Era un gran día. Probablemente tenía 60 dólares y un par de tarjetas de regalo guardadas en una horrible bolsa bordada que se volvía más pequeña cuando jalabas unas cuerdas. Era morada y negra y amarilla y turquesa, y parecía la tapicería de una oficina de dentistas en Santa Fe. No lo sé, eran los años noventa, ¿qué puedo decir?

De cualquier forma, estaba en el probador de Express cuando lo noté... Ya no llevaba conmigo la horrible bolsa.

Acto seguido, perdí la cabeza.

Es decir, primero había perdido algo de forma literal y ahora de forma figurativa. Mi estómago se sentía como un elevador con los cables cortados. Veía manchas negras y recuerdo que no pude hablar por al menos un minuto. (De hecho, ahora que lo pienso, ese fue probablemente mi primer ataque de pánico).

Para estarle eternamente agradecida, Emily se hizo cargo. El plan era retroceder nuestros pasos por el centro comercial y rogarles a los santos que encontráramos mi bolsa —con todo su contenido intacto— o que alguien la devolviera eventualmente en el área de objetos perdidos. ¿Existía un área de objetos perdidos? No sabía y no quería tener que descubrirlo.

Recorrimos el centro comercial por unos buenos 45 minutos, saltando de la entrada de JCPenny al área de comida; de Claire's y el kiosco con atrapasueños, a la tienda Yankee Candle y sus veladoras para fiestas con descuento; luego fuimos a Gap y yo entraba más en pánico con cada minuto. Mientras me hiperventilaba rumbo a Spencer Gifts —ese parangón de cojines tirapedos y tazas obscenas— encontré mi cartera reposando en silencio en el suelo. Justo donde la había dejado mientras husmeaba tarjetas de regalo triple X.

Tal vez mi bolsa era tan fea que nadie la quiso (ni pensó que podía contener algo de valor). Tal vez sus estridentes colores se mezclaron con el patrón de la alfombra y nadie la vio durante la hora que estuvo ahí. Todo lo que sé es que yo les agradecí a los astros y nunca volví a perder una bolsa. O una cartera, o un par de llaves, para el caso.[2]

Quizá estés pensando: «¿Qué tiene que ver todo esto? ¿O qué es un "centro comercial", es como un Amazon para los viejitos?»

Por favor, aguante conmigo una o dos páginas más, licenciado. Creo que tengo un punto muy revelador sobre las llaves, el teléfono y la cartera reales y metafóricos.

Pero primero pongámonos serios.

No hay ninguna excusa para perder las llaves de tu casa. Son las LLAVES de tu CASA. Saber dónde están debería de ser una prioridad, igual que recordar ponerte algo de ropa antes de salir. Si alguna vez has esperado a un cerrajero vistiendo nada más que una toalla y una sonrisa nerviosa, sabes de lo que hablo.

---

[2] Una vez se robaron mi teléfono, pero luego me lo *regresaron*, si eso no es karma por tener mi desmadre arreglado la mayoría del tiempo, no sé qué podría serlo.

Lo mismo con tu teléfono. A menos que hayas viajado en una máquina del tiempo hasta 1993, tienes un teléfono celular que controla la vasta mayoría de tu vida: calendarios, contactos, correos electrónicos y esa infernal aplicación de mensajes de Facebook. Apuesto a que fue un aparato costoso, así que tal vez deberías de ser más cuidadoso con él que con un viejo chicle. Aunque una cosa de esas no costará 500 dólares si se cae de tu bolsillo en la parte trasera de un taxi.

Y luego está tu cartera. Contiene no solo efectivo, sino tu tarjeta de débito, de crédito, y del seguro médico; tal vez una identificación para el trabajo y tu membresía al gimnasio, y (uno esperaría) un condón en perfecto estado. Si pierdes tu cartera, tendrás que reponer *toda la mierda que va en ella,* y, en una de esas, hasta enfrentar un embarazo.

NO VALE LA PENA.
ARREGLA TU DESMADRE.

Y ¿adivina qué? Si logras superar esas tres pequeñas herramientas de administración de vida, puedes usarlas también para arreglar tu desmadre metafórico.

¿Recuerdas cuando hablé de **crear una estrategia, enfocarte y comprometerte**? No fue ninguna coincidencia, pequeño saltamontes.

- ✔ Tus llaves son la habilidad para **crear una estrategia:** desbloquean los siguientes pasos.
- ✔ Tu teléfono es la habilidad para **enfocarte:** hacer esas llamadas, marcar el calendario.
- ✔ Tu cartera representa **compromiso:** aquí es cuando actúas con menos palabras y más dinero de forma real

o metafórica para conseguir tu plan. (Solo no te sobre-gires en tu banco real o metafórico).

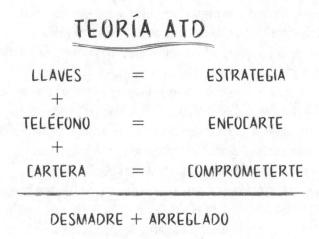

TEORÍA ATD

LLAVES	=	ESTRATEGIA
+		
TELÉFONO	=	ENFOCARTE
+		
CARTERA	=	COMPROMETERTE

DESMADRE + ARREGLADO

Aunque no te sirva de mucho, ¡yo creo en ti! Pienso que lograrás saber dónde están tus llaves, tu teléfono y tu cartera. Puedes aprender a crear una estrategia; tener una buena estrategia te permitirá enfocarte, y dominar esa habilidad te facilitará comprometerte por fin con tus objetivos.

¿Por qué confío ciegamente en una persona que probablemente nunca conoceré? Porque los seres humanos inventaron el fuego, pusieron en el mapa el círculo ártico y crearon un holograma de Tupac. ¡No conseguimos nada de esa mierda sin un plan! Eres un estratega nato; solo tienes que pulir la habilidad natural que se esconde debajo de tu desorden mental. Tiene mucho más valor que esa vieja bacinica que tu tía Sharon llevó a vender a la tienda de antigüedades, y eso que le dieron como 400 dólares por ella.

HABLEMOS DE ESTRATEGIA

Como ya lo mencioné, una estrategia es **«un plan de acción diseñado para conseguir un objetivo»**. Así pues, si tu estrategia te frustra tanto que te hace actuar como si fueras un niño, a pesar de que ya eres adulto, entonces, como diría Paul Simon, quizá necesites hacer un nuevo plan, Stan.

Desde los tiempos en que usabas overol y coletas —y ya sea que te identifiques como un Alvin, Simón o Teodoro—, observaste la naturaleza asesina de la pera loca, de las filas para el almuerzo y del juego de la botella. Viste a gente salirse con la suya y observaste e interiorizaste los resultados. Quizá triunfaste, quizá fracasaste, quizá nunca te uniste a la lucha, pero estoy segura de que al menos reconociste el *concepto* de ponerte en un lugar estratégico para vencer a todos, agarrar la última bolsa de Fritos o besar a tu *amor idílico* mientras hacías como que no te importaba.

Hoy decidiste tomar el valiente paso de admitir que quieres ganar en la vida, no solo en la pera loca. El juego de la vida tiene varios niveles —como el trabajo, las finanzas, las relaciones y la salud mental y física—. No sé cuál de estos te está molestando en este momento, pero sé que puedes acercarte —o conquistarlos— con la misma combinación de crear una **estrategia, enfocarte y comprometerte.**

Llaves, teléfono, cartera.

Por ejemplo, digamos que odias tu trabajo. Por lo tanto, *obtener un nuevo trabajo* es el objetivo más fácil del mundo que podemos plantear. Ponerse objetivos no tiene mucha ciencia. Pero, como bien lo sabes, los trabajos no crecen en los árboles. No caminan hacia ti en la calle como un perro callejero y te ruegan que te los lleves a casa. No puedes conseguir un trabajo deslizando el dedo hacia la derecha todo el día en Tinder. (Aunque, pensándolo bien, quizá si obtengas otro tipo de trabajito).

No, para conseguirte un nuevo trabajo, debes solicitarlo y entrevistarte, y antes de eso debes investigar el lugar donde te gustaría trabajar o contactar a un *headhunter*, y antes de eso probablemente tengas que pulir tu currículum, y antes de eso... VAYA, CÁLMATE UN POCO, AMIGA, ESTO ES DEMASIADO PARA MÍ. ¡ESTOY ABRUMADA!

Sí, lo sé. Por eso necesitas una **estrategia.** Relájate.

Lo bueno de una estrategia o plan es que lo puedes **crear a la medida para TI Y TU OBJETIVO.** Tú sabes cuáles son tus habilidades. Tú sabes cuánto tiempo tienes este fin de semana para trabajar en tu currículum. Tú sabes cuántos días, semanas y meses puedes sobrevivir bajo las condiciones de tu trabajo actual. Todo este conocimiento es como un viejo llavero en tu bolsillo, o en tu cartera, o colgando de tu cinturón como si fueras el guardia de un calabozo medieval. (Que, por cierto, este *look* no le queda bien a nadie. Solo digo).

Entonces, ¿qué llave abre qué puerta?

- ✔ Bueno, la de «mi conjunto de habilidades» abre la puerta de «otros trabajos».
- ✔ La de «cuánto tiempo tengo este fin de semana» abre la puerta de «trabajar en mi currículum».
- ✔ Y la de «cómo puedo seguir yendo a mi trabajo actual sin morir en el intento» abre la puerta de «cuando lo veo de esa forma, más vale que arregle mi desmadre».

Una estrategia es simplemente todos esos pequeños y manejables pasos de un plan —tu plan— cuidosamente puestos en un llavero y listos para ser utilizados.

CONCÉNTRATE

En el siglo XXI los teléfonos son básicamente magia. Lo permiten todo, desde realizar llamadas hasta tomar fotos y espiar a tu niñera mientras estás en el trabajo. Con este pequeño aparato puedes manejar tu vida entera —trabajo, citas, viajes, bancos—, tú nómbralo y hay una aplicación para eso. Pero, aunque tengas 25 aplicaciones corriendo y una monstruosa lista de tareas pendientes, **solo puedes *usar* tu teléfono para hacer una cosa a la vez.** Hablar con tus padres por Skype. Contestarle un correo electrónico a tu jefe. Reservar un boleto. Crear el mejor pie de foto de TODOS LOS TIEMPOS para Instagram.

Mucho se ha escrito por personas más científicas que yo sobre el mito del *multitasking,* pero basta con decir que en realidad no se puede hacer más de una cosa a la vez en general, no solo en tu teléfono. (Con la excepción de escuchar música, aunque si estás tratando de lograr cualquier otra cosa mientras escuchas «Purple Rain», no te mereces estar escuchando «Purple Rain»). El punto es: si crees que estás viendo el partido de futbol de tu hija y componiendo mentalmente una ingeniosa respuesta a tu némesis de la oficina, entonces estás haciendo alguna de estas cosas mal, probablemente ambas.

Lo mismo aplica con arreglar tu desmadre.

CONCÉNTRATE. Tareas pequeñas y manejables. Una a la vez.

De vuelta a la caza imaginaria de trabajo. Ya identificaste tu objetivo (obtener un nuevo trabajo) y estableciste tu estrategia (el paso 1 es «actualizar tu currículum»). Así que agarra tu teléfono real o metafórico y **calendariza ese paso.** Aparta una hora el sábado para actualizar tu currículum. No salgas a comprar donas, no les des clic a los titulares de TMZ ni revises los resultados del beisbol.

Puedes decir «pero yo soy la reina del *multitasking*» todo lo que quieras, yo te contestaré: «¿Ah, sí? Y cómo te ha resultado eso hasta ahora?»

No te creas un héroe. **Date el tiempo y el espacio para hacer la mierda que se tenga que hacer para acercarte a tu objetivo.** Si es actualizar tu currículum, date una hora; si es comprar un nuevo traje para la entrevista, tómate una tarde; si es darte cuenta de que tus habilidades no son las adecuadas para obtener un título avanzado y calificar para un trabajo diferente o mejor, bueno, entonces ahí es donde tu foco debe estar durante los siguientes dos o cuatro años. Al final valdrá la pena. (Y si tu trabajo diferente o mejor es convertirte en imitadora de Beyoncé, es un buen cambio de profesión. Bey podrá ser omnipresente y omnipotente, pero no anima fiestas de cumpleaños).

Todo esto puede sonar un poco simplista al principio. Es decir, ¿qué pasa si realmente crees que nunca tienes un par de horas extra para nada? Lo entiendo. Estoy segura, por ejemplo, de que hay un temible montón de madres trabajadoras (o no trabajadoras o trabajadoras que no son madres) listas para cerrar este libro, perseguirme y darme un zape con él justo ahora. Pero prometo que atenderé ese asunto en la segunda parte, cuando comencemos a trabajar en las prioridades y el manejo del tiempo.

Por ahora todo lo que necesitas saber es que, una vez que identificaste la estrategia y concentraste tu enfoque, **estás lista para comprometerte.**

DECIR «ACEPTO»

Si quieres conseguir un nuevo trabajo (u organizar una cena memorable, o correr un kilómetro en cinco minutos, o limpiar tu casa, o escribir una novela) tienes que tomar cada paso individual que te llevará hacia ahí. Tienes que poner un pie real o metafórico frente al otro. Yo comparo esto con sacar tu cartera real o metafórica y actuar con menos palabras y más dinero real o metafórico. **Recuerda: el dinero no es la única forma para representar acción y compromiso.**

Entonces, si te pusiste el objetivo de conseguir un nuevo trabajo y el primer paso de tu estrategia es actualizar tu currículum y apartaste una hora del sábado para enfocarte solamente en esa tarea, ahora lo tienes que hacer. **Entra en ambiente.** Siéntate, abre el documento, y HAZ EL TRABAJO. Apartaste una hora, así que úsala.

Por último, es importante tener en cuenta que eres tan buena como el último paso que tomaste. ¡Gran trabajo actualizando tu currículum! Pero si se queda en una carpeta de tu computadora juntando ciberpolvo y nunca lo envías a tus empleadores potenciales, entonces tu desmadre no está oficialmente «arreglado». Eres como Ross y Rachel de *Friends* cuando estaban dándose «un tiempo», y todos sabemos cómo resultó eso.

Tienes que comprometerte completamente. No prendas el boiler si no te vas a meter a bañar, por decirlo de alguna manera.

> **Formas de entrar en ambiente**
>
> - Ponte tus calzones de la suerte
> - Haz cinco saltos de tijera
> - Escucha la canción de *Karate Kid*
> - Enciende una vela aromática
> - Pellizca tus mejillas para sacarles su brillo saludable

Por supuesto, algunas personas son puras excusas y nada de acción. No están abrumadas ni con la agenda llena; solo son flojas y hacen lo mismo —es decir: *nada*— una y otra vez esperando resultados diferentes. Algunos de ellos aparecen en mi cuenta de Twitter con una actitud de «me importa una mierda arreglar mi desmadre». Jajaja, amigos. Sé de dónde viene esa actitud. ¿Leyeron mi primer libro, verdad?

Sí, lo sé. ¿Dejar de darle tanta importancia a las cosas? ¡Suena maravilloso! ¿Arreglar tu desmadre? Bu, ESO SUENA COMO MUCHO TRABAJO.

Bueno, ¿qué esperabas? Se trata de ordenar tu mente, no de dejarla tomar una siesta.

Si eres una mentirosa compulsiva sin verdaderas metas en la vida y sin intenciones de ponerte alguna, está bien, pero acabas de gastar una buena cantidad de dinero.

PERO (LO QUE QUIERO HACER) ES MUY DIFÍCIL

Agárrate bien, bebé, porque no creo en el «muy difícil». Si me vas a discutir esto, probablemente deberías dejar de leer ahora mismo e ir a la librería a pedir una devolución de tu dinero. ¿O es demasiado difícil ponerse unos pantalones, subirse al coche, manejar hasta la tienda y admitir frente al cajero que en realidad no quieres arreglar tu desmadre?

Eso pensé.

En lo que a mí concierne, solo existen **grados de dificultad a lo largo de un continuo de metas alcanzables.** Si te pones un objetivo realista cuyos parámetros están bajo tu control, se puede lograr. No profundizaré en situaciones del tipo «¿Pero y si mi meta es ser presidente aunque no estoy calificada para eso?» Por favor no sea pedante, Dr. Stein.

Por ejemplo, *yo* pienso que sería «difícil» correr un maratón, aunque tengo varios amigos que parecen pensar que completar una carrera de 42 kilómetros es más fácil que llegar a tiempo a una cena con reservación. Sin embargo, personas de todo el mundo logran estas tareas todos los días, así que ninguna puede ser «tan difícil», mientras que solamente una persona es elegida como presidente cada seis años. Por lo tanto, yo no me pondría como objetivo correr un maratón, pero, en teoría, sí sería algo alcanzable.

En otras palabras: «difícil» es subjetivo, pero «muy difícil» es solo otra manera de decir «renuncié antes de intentarlo». ¿Por qué no haces el esfuerzo y sigues leyendo?

¿Y qué les decimos el resto de nosotros a esas personas? «¡En serio, arreglen su desmadre!»

EL PODER DEL PENSAMIENTO NEGATIVO

Como los describo en *La magia de mandarlo todo a la mierda*, mi método para ordenar tu mente, patentado como **NoMeArrepiento,** sirve para deshacerte de cosas que te molestan (mierdas que no quieres que te importen) para hacerles espacio a las cosas que te traen alegrías (mierdas que sí quieres que te importen). Dos pasos muy simples. Vamos a examinarlos.

Para nuestro actual propósito, todo lo que debes saber es que la llave para NoMeArrepiento es **enfocarte en el «me molesta».** Es divertido tachar con un marcador grande cosas como el *hockey sobre hielo* y los *días festivos de la empresa* de tu lista de MIERDAS QUE QUIZÁ ME IMPORTEN O NO. (No es broma, si no has leído el libro, esto es exactamente lo que te dice que debes hacer). De cualquier manera, el mismo concepto funciona para arreglar tu desmadre.

Permíteme explicarte.

Hay muchos gurús a quienes les excita la palabra *aspiracional*. Quieren que seas la mejor versión de ti mismo, que trabajes duro y coseches grandes recompensas. Y todo eso está bien (te estoy viendo a ti, tipo del P90X), pero, como lo descubrí cuando comencé a recibir cartas de los lectores, un montón de personas **aspiran a poder hacer *menos*, no más.**

Es por eso que esta antigurú cree en **el poder del pensamiento negativo.**

Esto es cuando en vez de soñar despierta sobre un *futuro hipotético* de ser millonetas, delgada o limpia, te enfocas en NO estar en bancarrota, gorda o sucia *en el aquí y ahora*. Resulta que fijarte metas **no es aspirar a lo que quieres ser, sino ponerle fin a lo que *no* quieres ser.** ¡Canalizar el enojo a las cosas que te molestan es una gran herramienta motivacional para arreglar tu desmadre! Bueno, tal vez no es enojo en sí, sino disgusto. Incomodidad. Infelicidad.

Seguro que funcionó para mí.

Ya te conté un poco sobre mis grandes cambios de vida —ir de escaladora corporativa a profesional independiente que toma bebidas congeladas en la playa—. Los lectores más astutos recordarán que en la introducción dije específicamente que **yo estaba muy infeliz** antes de hacer estos cambios.

Reconocer y querer erradicar esos sentimientos de infelicidad fue lo que me impulsó a arreglar mi desmadre y establecer mis primeras metas:

- ✘ NO ser infeliz
- ✘ NO ser empleada de una corporación
- ✘ Y NO sufrir otro invierno como esos cachorritos del comercial de la protectora de animales con la canción de Sarah McLachlan

Puede parecer contradictorio, pero **hasta que me enfoqué en lo negativo logré encontrar mi camino hacia lo positivo.**

La cosa fue que yo en realidad no sabía cómo se veía la felicidad desde mi punto de vista, solo sabía que no la tenía. No sabía lo que implicaría vivir como *freelance* o mudarte a un país extranjero, pero sabía que quedarme en el gélido noreste durante otro invierno definitivamente me haría miserable. Lo que tenía era un muy reconocible estado constante de infelicidad (y poca tolerancia al frío), así que el único objetivo que realmente podría envolver mi cabeza era detener todo esto.

Era menos aspiracional y más SÁQUENME DE AQUÍ AHORA, NO AGUANTO MÁS. El mayor momento *oh, mierda* de todos los tiempos.

Y una vez que establecí un objetivo para eliminar la molestia —luego creé una estrategia, me enfoqué y me comprometí— la alegría llegó sola poco a poco. Ah. Imagina eso. (En estos días, a veces mi único objetivo es emparejar mi bronceado, pero esa habilidad requiere crear una estrategia, enfocarte y comprometerte).

Así que si eres infeliz viviendo con deudas, pesando 10 kilos de más o utilizando el asiento trasero de tu coche como un cesto de lavandería móvil —si te pone triste, te frustra o te enoja vivir de esta manera—, yo digo que **aproveches el poder del pensamiento negativo y canalices tus sentimientos en acciones.** En vez de perseguir esas lindas mariposas aspiracionales que por mucho tiempo han volado fuera de tu alcance, pisa un par de desagradables cucarachas que están ahí en el piso justo enfrente de ti.

Eso te subirá el ritmo cardiaco.

¡EN SUS MARCAS, LISTOS, META!

Pero antes de que enciendas la luz y extermines las cucarachas, hay un minipaso en medio. Tómate un minuto para sentarte en la oscuridad tranquila y libre de bichos y examina en qué consiste ganar en la vida. TU vida.

¿Qué metas y resultados —ya sea materiales o emocionales— provocarían que dieras una vuelta de la victoria [una mucho, mucho más lenta y menos espectacular] como la de Usain Bolt? No hablo de lo que cualquier otra persona considera ganar o qué objetivos y resultados crees que *deberías* querer. Sino de las cosas que te harían feliz.

¿Es conseguir un nuevo trabajo o solo estar menos molesta en el que ya tienes?

¿Es mejorar tu relación con tu pareja o terminar las cosas de una vez por todas? (Relacionado: ¿Quieres dormir en el sofá esta noche?).

¿Es perder 10 kilos o te sientes *presionada* para bajar una talla? Si es lo último, por favor deja de darles importancia a los números —solo le agregas tiliches a tu desorden mental—. Si es lo primero, arreglaremos tu desmadre y haremos que suceda.

Bueno, *tú* arreglarás tu desmadre. Yo solo te mostraré cómo.

DESMADRITOS:
CONQUISTAR EL DÍA
A DÍA PARA CONSTRUIR
UN FUTURO MEJOR

Como ya lo sabes, uno de mis pasatiempos favoritos es «dividir las cosas en tareas pequeñas y manejables». Así que para mantener las cosas ultramanejables para ti (sobre todo tú, Teodoro), vamos a comenzar con lo fácil, con los desmadritos. **Las cosas con las que tienes que lidiar de forma regular,** como **llegar a tiempo** y **no distraerte** y **mantenerte al corriente en tu correo electrónico.** Una vez que logres controlar eso, la vida se vuelve infinitamente más fácil y placentera. Y luego puedes seguir con las cosas más grandes, como planear tu retiro o construir en tu patio una réplica en tamaño real del Castillo de Chapultepec, si eso es lo que quieres.

La segunda parte abarca **dónde empezar,** consejos para **manejar el tiempo,** cómo **priorizar mientras procrastinas** y **la diferencia entre «tareas pendientes» y «tareas imprescindibles».**

También discutiremos tu **bandeja de entrada,** tendremos una conversación franca sobre el **control de impulsos** e iremos paso a paso a través de escenarios como **salir tarde del trabajo** y **gastar más allá de tus posibilidades.**

Tal vez eres un Alvin o un Simón, y crees que tienes estas cosas bajo control, en ese caso vas adelantado. ¡Bien jugado! Sin embargo, sugiero con humildad que tomes este curso para refrescar ese conocimiento. (Además, hay algunos chistes que se repiten durante todo el libro y quizá no los entiendas si te saltas esta sección).

En las partes III y IV nos expandiremos hacia la **mierda más compleja** (como la planificación de la jubilación antes mencionada y otros aspectos divertidos de ser adulto) y excavaremos hacia **mierdas más profundas,** como la salud mental, las crisis existenciales y esos grandes cambios de vida que he estado cuestionando.

Pero por ahora, ¡ataquemos los desmadritos!

EL PRINCIPIO PARA PRINCIPIANTES

¿Qué es lo que más detiene a la gente para que arregle su desmadre? Si eres un Teodoro clásico (o, digamos, un Alvin con ascendente Teodoro), la respuesta probablemente sea **«Ni siquiera sé por dónde empezar»**. Por lo tanto, hace perfecto sentido iniciar el proceso de arreglar tu desmadre... demoliendo esta terrible excusa.

Lo siento, pero es *terrible*. Esta es la parte difícil de nuestro viaje, pero me agradecerás después. El hecho es que cada Alvin, Simón y Teodoro que está leyendo este libro, significa que ya conoce la respuesta a «¿Por dónde empiezo?» Sé que lo sabes porque te lo dije en la página 18.

Debes comenzar estableciendo un objetivo.

EL MÉTODO DE QUÉ/POR QUÉ PARA ESTABLECER OBJETIVOS

PASO 1:
¿QUÉ ESTÁ MAL CON MI VIDA?

PASO 2:
¿POR QUÉ?

Una vez que te cuestiones estas dos preguntas, estarás al instante en camino hacia algún objetivo.

La respuesta al paso 1 (**¿qué está mal con mi vida?**) puede ser un tanto general, pero no *ridículamente*. Por ejemplo:

✘ «Estoy en bancarrota» es algo con lo que puedes trabajar.

✘ «Todo» no es una respuesta productiva. Tienes que dividir esa mierda en tareas pequeñas y manejables.

✘ «Estoy en una relación destructiva con el tedio» es un montón de mierda y lo sabes.

Supongamos que de hecho sí estás en bancarrota. La respuesta al paso 2 (¿por qué?) podría ser cualquier cosa, como:

✘ Perdí mi trabajo.

✘ Perdí una apuesta.

✘ Dediqué mis últimos dos cheques a comprar una tabla de surf Monsta 3, luego me di cuenta de que no tenía dónde ponerla y ahora rento una bodega de 1 500 dólares al mes para guardar mi juguete de la crisis de la mediana edad.

Tu objetivo debe *resolver los problemas* que surgen de los pasos 1 y 2. Algo así:

✔ Conseguir un nuevo trabajo.

✔ Dejar de hacerme la listilla cuando los momios son 200 a 1.

✔ Vender la tabla de surf, dejar la bodega y encontrar una manera más económica de vivir la crisis de la mediana edad.

¿Tiene sentido? Aquí hay otro ejemplo que me viene directo a la cabeza:

- ✗ **¿Qué está mal con mi vida?** Estoy muy atrasada en el trabajo.
- ✗ **¿Por qué?** Paso mucho tiempo tonteando en línea en vez de hacer las cosas que tienen más prioridad.
- ✔ **Objetivo:** Limitar el tiempo que paso en línea.

Si por alguna razón tienes la misma respuesta al paso 1, *tu* respuesta al paso 2 podría ser algo diferente, como: «Digo que sí a muchas comidas de negocios que duran años» o «Tengo una compañera que siempre está en mi oficina quejándose de su vida». Y tu objetivo tendría que abordar esas razones. Cuelga en tu puerta un pequeño letrero para espantarla que diga NO ME MOLESTES, SHEILA.

Si tu respuesta al paso 2 es múltiple (esto es completamente posible, el trabajo es un lugar que succiona el tiempo en proporciones épicas), escribe distintas respuestas y ponte un objetivo para cada una de ellas. Cuando llegue el momento de cumplir esos objetivos, querrás priorizar —y comenzar con el más importante—, una habilidad que perfeccionaremos a su debido tiempo.

Está bien, una más para el camino. Saqué este escenario de «Qué está mal con mi vida» de los 2 400 resultados de mi Encuesta Anónima para Arreglar tu Desmadre, que usaré como referencia periódica a lo largo de este libro.[1]

---

[1] No es un estudio de ocho años, doble ciego ni longitudinal —como mi editor resaltó de inmediato—, pero provee una perspectiva valiosa sobre los problemas comunes de la gente, sus aspiraciones y sus quejas, además de un montón de chistes involuntarios.

✘ **¿Qué está mal con mi vida?** La caja gigante en la que venía la TV que compré hace ocho meses todavía está en la sala, recargada contra la pared como si ese fuera su lugar.

✘ **¿Por qué?** Porque no la he sacado a la calle.

✔ **Meta:** Sacar la maldita caja a la calle.

(Espero que quien me envió esta respuesta esté leyendo. Claramente necesita este método en su vida).

Ahora inténtalo tú:

¿Qué está mal con mi vida? _____

¿Por qué? _____

Meta: _____

Ahí lo tienes, ya comenzaste. Te dije que era fácil.

LA VARA ESTÁ MUY ALTA

Mantenerte en un estándar poco razonable no es la forma de ganar en la vida. **Está bien bajar la vara un poco,** en especial cuando estás comenzando. Por ejemplo, las personas normales que quieren perder peso no es muy probable que terminen viéndose como Sofía Vergara. Perseguir ese objetivo es como correr hacia una meta que continúa moviéndose más y más lejana, lo que es bastante desalentador. ¿Por qué seguirías corriendo si sabes que la carrera nunca terminará? Podrías rendirte de una vez, irte a tu casa, sentarte en el sillón y entablar contacto con un paquete tamaño Costco de Mini

Oreos. Que es probablemente lo que has hecho hasta ahora —al menos metafóricamente hablando— y la razón por la que estás leyendo este libro. (Una maniobra clásica de un Teodoro, por cierto).

En vez de esto, **establece objetivos realistas** basados en lo que te molesta de *tu* vida, no basados en las medidas de alguien más, y comienza el proceso de barrerlo debajo de tu maldita puerta. Decía en serio eso de que el despeje mental es una misión solitaria. Deja a Sofía Vergara fuera de esto.

EL TIEMPO VUELA CUANDO NO ARREGLAS TU DESMADRE

Una vez que sabes por dónde comenzar, es momento de pensar en «cuándo». Usar un reloj no es la mejor cualidad de un Teodoro, aunque el manejo del tiempo también puede ser el talón de Aquiles del más competente Simón. ¿Por qué sucede eso? Es decir, en nuestras casas, coches y oficinas, y prácticamente en todas partes, estamos rodeados de dispositivos que te dicen la hora. Relojes, iPhones, computadoras, microondas, Big Ben, relojes de sol, EL SOL EN SÍ.

Estas son herramientas construidas para ayudarles a los seres humanos a manejar el tiempo. ¡Todos deberían utilizarlas!

Pero para las personas que no tienen arreglado su desmadre, **nunca parece haber *suficiente* tiempo.** Hay demasiadas cosas en la lista de tareas pendientes y muy pocas horas al día. Si su vida fuera una de esas canciones que se vuelven un éxito pasajero, el coro sería: «No lo sé, solo soy muy malo en el manejo del tiempo». Otra vez me veo en la necesidad de derribar excusas poco convincentes. El tiempo es tanto infinito (hasta que un asteroide arrase con la Tierra) como finito; en ese sentido, solo hay 24 horas al día y se deben usar con sabiduría.

El tiempo, como el síndrome del colon irritable, puede ser manejado.

ESTÁ EN EL CALENDARIO

Quiero robarme 20 segundos de tu tiempo para discutir los calendarios y por qué deberías tener y aprender a operar uno. Los calendarios son más que un colguije de pared laminado que es un tanto cursi o cubos de papel reciclado con frases divertidas de *Seinfeld*. Son herramientas para ganar en la vida. No utilizar un calendario es como jugar Serpientes y Escaleras sin escaleras. Las únicas personas que no necesitan calendarios son los vagabundos y las deidades. Los primeros no tienen ningún compromiso y los segundos son omnipresentes. ¿Tú? Tú necesitas un calendario.

Yo soy una persona que llega temprano de forma crónica. Odio hacer esperar a la gente y esa es suficiente motivación para mí. Pero también sé que soy afortunada pues tengo una relación sana con el tiempo. El tiempo y yo nos llevamos bien. Nos entendemos el uno al otro —y **sé que eso es clave para arreglar tu desmadre**—.

Entonces ¿por qué algunas personas no pueden alcanzar este entendimiento?

Bueno, después de una cuidadosa y poco científica observación de mis amigos que tienen «pocas habilidades para gestionar el tiempo», caí en cuenta de que ellos comparten un rasgo en común —y no es que disfrutan hacerme esperar o no tienen un reloj—. **Es que en realidad no saben cuánto tiempo toma hacer cualquier cosa.**

Una de mis amigas me envía un mensaje de texto: «Me estoy metiendo a bañar. Te veo en quince», aunque nunca se haya tomado un baño de 15 minutos en toda su vida. Sus intenciones no son maliciosas; algunas personas simplemente no tienen ni puta idea de cuánto tiempo les lleva bañarse y prepararse para salir de casa. Quince minutos suenan bien, seguro, y ya que estamos en esas: *Voy a sacar mi licencia, ¡te veo en cinco!*

No, no.

Por lo tanto, si eres una de estas personas [saludos a mi antigua compañera de casa], y **si odias llegar tarde tanto como yo odio a los malditos Yankees de Nueva York, puedes hacer algo al respecto.**

Y si no odias llegar tarde, entonces supongo que te encanta componer esa encantadora cantaleta cada que tienes que explicar por qué llegaste tarde a tus colegas y compañeros de cena. ¿Cómo iba? *Que esto, que lo otro, hubo tráfico; una cosa y otra y no podía encontrar algo; me tardé al teléfono; ay, Dios, no me lo vas a creer, pero...* ¿Te das cuenta de que no engañas a nadie, verdad?

Bueno, si algún día estás listo para ser confiable y cortés en lugar de llegar tarde y con un montón de excusas, el primer paso para mejorar tus habilidades para manejar el tiempo/arreglar tu desmadre es **cronometrarte haciendo tus actividades diarias.**

Por ejemplo, antes de que te metas en la regadera, pon la app de cronómetro en tu teléfono (o en uno de esos relojes de cocina de plástico que fácilmente puede ser repatriado al baño) y déjalo correr hasta que hayas terminado realmente de alistarte. Haz esto todos los días durante una semana y saca las cuentas. ¿Tienes que rasurarte el martes? Diez minutos extra. ¿Tomaste un baño por encimita el viernes? Menos cinco. Cuando miras tus tiempos y te fuerzas a confrontar la realidad, no tendrás más excusas para —como George W. Bush podría decir— malinterpretar el tiempo que toma realizar tus abluciones matutinas.

TAREA: _____

DÍA	TIEMPO	NOTAS
Lunes	_____	_____
Martes	_____	_____
Miércoles	_____	_____
Jueves	_____	_____
Viernes	_____	_____
Sábado	_____	_____
Domingo	_____	_____

Lo mismo podría aplicarse para salir del trabajo. Ya sea que tengas que llegar al aeropuerto o encontrarte con alguien para cenar (o liberar a la niñera, o recoger tus cosas de la tintorería antes de que cierre, o cualquiera de ese millón de cosas que alguien tendría que hacer después del trabajo), las personas con pocas habilidades para gestionar su tiempo usualmente malinterpretan *gravemente* cuánto tiempo toma completar el trabajo de un día. Y solo estoy hablando de salir de la oficina —ni siquiera de viajar *de* la oficina *al* aeropuerto o al restaurante—. Simplemente lograr extraerte del edificio puede tomar mucho más de lo que crees.

Si esto te suena familiar, podrías pasar una semana explorando esta dimensión desconocida en particular.

Por un día, proponte no despedirte de nadie ni utilizar el baño cuando vayas de salida. Cronométrate desde que pasas tarjeta o apagas tu computadora (o desconectas la máquina de yogurt helado o lo que sea) hasta que sales de escena.

ESO es lo que toma «salir del trabajo». **Ahí está tu punto de referencia.** Después tienes que tomar en cuenta las variables.

Durante el resto de la semana, solo presiona un botón en tu reloj o tu teléfono cuando te levantes para irte y no lo toques otra vez hasta que estés fuera de la puerta sin importar lo que suceda. Si te acecha algún colega o urgencia fisiológica (la cual más vale que incluya dos minutos para lavarse las manos, señorita), registra los resultados, luego promédialos con tu tiempo de referencia. Esta es la tarea más fácil del mundo, y te dará un sentido más preciso de dónde estás parada cuando se trata de dejar la oficina. ¡Nos vemos en diez!

Y cuando sientas que tienes una idea más precisa, **no hay ningún problema si retrasas ciertas cosas.** Siempre puedes dar un par de vueltas a la manzana para no tocar el timbre de tu amigo 10 minutos antes de que la cena empiece, pero al menos no te deslizarás en tu silla en medio de un brindis importante, ¡ardilla mala!

Pero por favor toma en cuenta: no te estoy pidiendo que te bañes más rápido, corras a tus hijos de la casa sin desayunar o te masturbes sin terminar. **El secreto para manejar tu tiempo no es acelerarse o calmarse.** Es sobre crear una **estrategia** y enfocarte. (Estrategia: Y = ¿cuánto tiempo toma X? Enfocarte: si X es una tarea necesaria, agenda Y minutos/horas para completarla, y realiza la tarea X solo cuando *tengas* Y minutos/horas disponibles). En otras palabras: no trates de terminar una llamada de tu madre en cinco minutos.

Otras cosas en las que podrías cronometrarte

- Desplazándote (o yendo del punto A a un punto B)
- Haciendo ejercicio
- Poniendo en orden las cuentas
- Preparando a tus hijos para la escuela
- Leyendo el periódico de principio a fin
- Masturbándote

Una vez que entiendas cómo aplica el tiempo en tu vida, podrás utilizarlo como una fuerza para el bien, en vez de una fuerza para perder vuelos y molestar a la persona con la que vas a cenar. Mientras tanto, quizá debas invertir en un reloj de sol, el perfecto recordatorio visual para seguir trabajando en tus habilidades para gestionar el tiempo. Además son muy bonitos.

TU MEJOR AMIGO Y TU PEOR ENEMIGO

El tiempo es la nave nodriza donde dos fuerzas que compiten —**la priorización y la procrastinación**— descienden para crear orden o traer caos a tu vida.

Estos huéspedes mentales meten sus narices en lo que pueden, especialmente en estas tres principales áreas que reveló mi encuesta: **trabajo** (es decir, correos electrónicos/correspondencia/gestión de proyectos), **finanzas** (es decir, el tiempo relacionado con los ahorros $) y **salud** (es decir, programar tiempo para hacer ejercicio o para relajarte y poder ganar en la vida sin perder la cabeza).

Cada uno de estos es fundamental para dominar tu lista de tareas pendientes —una cosa en la que muchas personas necesitan ayuda. Incluso yo necesito ayuda en ocasiones. Por eso, cuando empiezo a sentir **Sobrecarga de mierda®,** arreglo mi desmadre y priorizo.

Mejores amigos por siempre

La priorización es la mejor amiga de la estrategia. Deberías querer ponerte en acción, pues cuando se trata de una lista de tareas pendientes, escribir es solo la mitad de la batalla. Después tienes que **separarla** de acuerdo con qué tienes que hacer primero y qué puedes aplazar para después.

SOBRECARGA DE MIERDA*

Darle mucha importancia a las mierdas —sin el suficiente tiempo, energía o dinero para dedicarte a ellas— te mantiene sobreagendada, sobreagobiada y sobregirada. Esto te lleva directo a **Sobrecarga de mierda**®, un estado de ansiedad, pánico y desesperación. Posiblemente con lágrimas. Desesperación, seguro. ¿Por qué? Porque aun cuando tengas que darles importancia a las cosas, **no puedes hacer todas al mismo tiempo.** Ahí es cuando la priorización viene muy bien. Y si realmente *no* tienes que darle importancia a todas esas mierdas, bueno, conozco un libro que te podría ayudar.

Yo utilizo una lista actualizada de tareas pendientes para todo lo que sé que tengo que hacer en el futuro cercano —básicamente, cada vez que me doy cuenta de que tengo que hacer algo, lo escribo—. Siempre le agrego cosas a mi lista. («actualizar el pago automático de mi tarjeta de crédito» o «pedir las copas de martini con forma de pene para la despedida de soltera»). Una vez que pongo por escrito una tarea, me siento mejor equipada para disfrutar mis tres copas de vino nocturnas sin preocuparme de que voy a olvidar lo que tengo que hacer esta semana.

Luego, cada mañana, después de arrepentirme por esa tercera copa de vino, considero la cantidad de tiempo que en realidad tengo para completar cada tarea (la fecha para pagar la tarjeta se vence mañana, la despedida de soltera es dentro de tres semanas). Esto me dice **cuáles tienen prioridad** para que yo pueda reorganizar mi lista de lo más a lo menos urgente.

Por último, les echo un vistazo a mis elementos priorizados y determino lo que verdadera, loca y profundamente se tiene que hacer HOY, y muevo esas cosas a un pedazo de papel nuevo. Este es el proceso mediante el cual **conviertes tu lista de tareas pendientes en una lista de tareas imprescindibles.** (Te puedo ver cuestionando mis ideas, pero ¿quién es la antigurú aquí? No te estorbaría tomar notas).

Hoy, mi lista actualizada de tareas pendientes se ve así:

- ✔ Retocarme las raíces.
- ✔ Lavar ropa.
- ✔ Escribir 500 palabras.
- ✔ Ver el partido de los Red Sox.
- ✔ Recoger la receta.
- ✔ Pedir el regalo de cumpleaños para mi esposo.

La versión priorizada de esta lista se ve así:

- ✔ Ir por mi medicina (necesito comenzar a tomar la medicina lo antes posible).
- ✔ Escribir 500 palabras (el recuento diario de palabras necesario para mantener la fecha límite al alcance).
- ✔ Retocarme las raíces (eh, puedo sobrevivir otro día sin hacerlo).
- ✔ Lavar la ropa (necesito esos pantalones hasta dentro de dos días).
- ✔ Pedir el regalo de cumpleaños para mi esposo (su cumpleaños es dentro de dos semanas).
- ✔ Ver el partido de los Red Sox (todavía le quedan 72 partidos a esta temporada).

Y mi lista de tareas imprescindibles se ve así:

✔ Ir por mi medicina.
✔ Escribir 500 palabras.

Cuando reduzco mi lista a las tareas realmente necesarias, esas son las únicas dos cosas que realmente necesito hacer hoy. El resto no es «imprescindible». (Mi plan de ahorro ya está tan arraigado a mí que logro llevarlo a cabo sin ponerlo en la lista, pero he estado en esto más tiempo que tú).

Ahora mis **días se ven mucho más alcanzables.** Me siento con menos pánico de poder completar todo porque no hay tantas cosas. Sé exactamente por dónde debo comenzar y, para colmo, ahora me doy cuenta de que tengo más tiempo del que creía (como cuando estaba en las garras de la Sobrecarga de mierda®) para hacerles frente a algunas cosas menos urgentes.

Puedo lavar la ropa *mientras* escribo. Puedo saltarme lo de pedir el regalo porque, de cualquier forma, todavía no estoy segura de lo que quiero darle y todavía tengo un par de semanas para decidirlo. Y si termino mi trabajo y lavo la ropa antes de las 7:00 p. m., puedo instalarme para ver la gira de despedida de David Ortiz con la conciencia tranquila y una botella de pinot noir. Siempre disfruto de un poco de vinillo.

Mañana, «retocarme las raíces» migra a la lista de tareas imprescindibles, pero «recoger la medicina» y «lavar la ropa» ya se fueron. Todo es manejable. **Esa es la magia de la priorización.** Como tocar la pandereta, no es tan difícil, te hace sentir bien y cualquiera puede hacerlo.

EL MÉTODO DE LAS TAREAS IMPRESCINDIBLES

1. HAZ UNA LISTA DE TAREAS PENDIENTES.
2. PRIORIZA LOS ELEMENTOS BASÁNDOTE EN LA URGENCIA.
3. MUEVE LOS QUE SE TIENEN QUE HACER <u>HOY</u> A UNA LISTA DE TAREAS IMPRESCINDIBLES.
4. HAZ ESO Y GUARDA EL RESTO PARA MAÑANA.
5. REPITE LOS PASOS DEL 1 AL 4.

Durmiendo con el enemigo

Aquí es cuando las cosas se ponen difíciles, porque tu otro huésped mental —la procrastinación— es un amante problemático. La procrastinación puede ayudarte tanto a posponer acciones como a hacer cosas menos urgentes o más placenteras, en lugar de hacer lo que es verdaderamente urgente o desagradable. De cualquier manera, rendirte ante ella te puede enviar directito a la Sobrecarga de mierda® más rápido de lo que corren a Alec Baldwin de un avión por comportarse como un idiota.

Podrías llegar a ese momento si pospones todas las acciones —o si por error **viste TODOS los elementos de tu lista de pendientes como «imprescindibles»,** supiste que de ninguna manera podrías lograr completarlos y te paralizaste por la inacción. Para este punto, ya hablaste para reportarte enfermo. Hiciste una cita con tus culpas. Te escondiste debajo de la cama hasta que se fuera el coco.

(Hablando en serio, mis queridas ardillas: cualquiera que diga que la mayor razón por la que no puede hacer nada es porque tiene «demasiadas cosas» en su lista de tareas pendientes, probablemente tiene demasiadas cosas en dicha lista porque pospone una y otra vez hacer *cualquiera* de ellas y la lista crece y crece).

También puedes llegar a la Sobrecarga de mierda® **porque hiciste todas las cosas de prioridad baja y ninguna de las de prioridad alta.** Este autoengaño no te servirá mucho tiempo. Es decir, si paso todo el día en la calle comprando el regalo de cumpleaños de mi esposo y no escribo nada, podría engañarme a mí misma pensando que taché una mierda de mi lista, pero mañana temprano tendría que alcanzar el doble de palabras y estaría debajo de la cama como la chica de *Búsqueda implacable*. No se me antoja la idea.

¡O tal vez **hiciste un montón de cosas que ni siquiera estaban en la lista!** Ese es un gran anzuelo. Detente ahí mismo, ardilla que se pasa de lista.

Es más, veamos esa opción más de cerca. Ríete conmigo.

Si alguna vez has estado a dieta, quizá estés familiarizado con la idea de llevar un «diario de comida» de todo lo que te metes a la boca, que es una forma antigua de crear conciencia sobre tus hábitos alimenticios. Te ayuda a notar cuántas botanas te comes sin darte cuenta, cuántas veces te sirves dos veces y cuánto tiempo te has estado engañado a ti mismo con la idea de que solo hay una porción en una bolsa familiar de 450 gramos de pretzels con queso cheddar.

¿Qué tal si en vez de un diario de comida comienzas un **diario de procrastinación,** donde enlistes todas las cosas que te descubras haciendo esta semana para procrastinar la mierda que *realmente* tienes que completar? Te daré un poco de espacio, pero si necesitas más espacio, por lo que más quieras, engrapa un par de hojas extra justo ahí. Mientras más grande tu lista, más enfático mi punto, lo cual es bueno para mi marca.

Cosas que no estaban en mi lista de imprescindibles y las hice para procrastinar las cosas que sí estaban: el diario

_____   _____   _____

_____   _____   _____

_____   _____   _____

_____   _____   _____

_____   _____   _____

_____   _____   _____

_____   _____   _____

_____   _____   _____

En caso de que te lo estés preguntando, yo tampoco soy inmune a este comportamiento, solo que lo escondo bien. Con espíritu solidario te doy:

10 cosas que no estaban en mi lista de imprescindibles y las hice para procrastinar las cosas que sí estaban

1. Cortarme la cutícula.
2. Investigar varias enfermedades de la piel que podría tener.
3. Ver _La gran estafa_ por quincuagésima vez.
4. Enfrascarme en debates políticos infructuosos en Facebook.
5. Doblar la ropa de alguien más.
6. Conducir un concurso para descubrir qué sabe mejor sin la salsa Tabasco o la Crystal.
7. Ordenar mi colección de ChapStick por color.
8. Intentar (y fracasar) memorizar la letra de «Nuthin But a 'G' Thang».

9. Practicar mi imitación de James Carville.
10. Ejercicios de Kegel.

Así que ahora estás pensando: «Muy bien y guácala, no tenía por qué saber de los Kegel, pero por el amor de Dios, ¿cómo puedo parar de procrastinar? ¡Por eso compré este libro!»

Te entiendo. Es un problema tremendo. No hacer nada en absoluto o hacer solo la mierda de baja prioridad no te ayuda a largo plazo. Hasta ahora no has podido sacar la procrastinación de tu sillón reclinable mental, y ya se acabó todo tu detergente para la ropa mental.

Bueno, no te voy a decir cómo desaparecer la procrastinación.

Tienes que estar bromeando.

Oye, oye, no hay necesidad de ponerte así. De hecho, ¡estoy a punto de darte *exactamente* aquello por lo que compraste este libro! Tu antigurú de confianza tiene algunas IDEAS CHIFLADAS.

¿Conoces ese antiguo dicho que dice: «Mantén a tus amigos cerca y a tus enemigos aún más cerca»? Bueno, así es exactamente como se lidia con la procrastinación. Si se va a quedar sin pagar renta, tienes que hacer que trabaje PARA ti, no contra ti. La puedes utilizar para **posponer acciones que son de baja prioridad** con el fin de convertir tu abrumadora lista de tareas pendientes en una manejable lista de tareas imprescindibles. **Procrastinación responsable, ¡hasta la victoria!**

Enfrentar entre sí a tus huéspedes mentales te ayuda a reconocer las tareas que no son urgentes (priorizar), hacerlas a un lado (procrastinar) y enfocarte en lo que realmente **debes hacer** (ganar en la vida). Tal vez tener *roomies* no es tan malo después de todo.

ARREGLA TU DESMADRE: EL DIAGRAMA DE FLUJO

¡Buenas noticias! Cada que busques una forma responsable de procrastinar, puedes hacerlo consultando este práctico diagrama de flujo. Es muy sencillo y fácil de seguir, y quedártele viendo con la mente en blanco es más productivo que quedárteles viendo con la mente en blanco a otras cosas, como la pared o tu gato.

ARREGLA TU DESMADRE

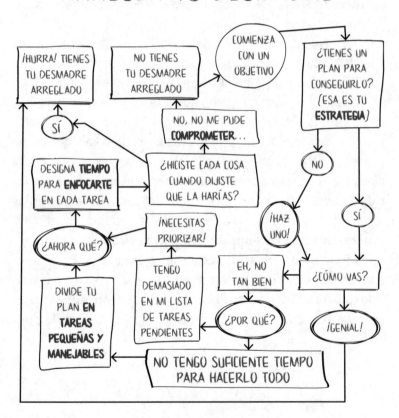

¿ADÓNDE VA EL TIEMPO?

Antes prometí abordar el tema de las **personas que creen que no tienen tiempo extra,** porque sus días ya están a punto de estallar de mierdas por hacer. Soy particularmente comprensiva con esta creencia porque viví de esa forma por más de 30 años. **«El día no tiene suficientes horas»** (o la semana o el mes) era una especie de mantra, y se sentía como algo muy real cuando lo decía para explicar por qué me quedaba a dormir en vez de hacer ejercicio u ordenaba pizza en vez de cocinar la cena.

Pero no era totalmente cierto. La verdad era que yo **priorizaba** dormir en lugar de hacer ejercicio, y la conveniencia en lugar de una especie de fantasía a la Martha Stewart, que nunca fue lo mío. No era que no tuviera horas suficientes en el día, era que no quería utilizarlas para la calistenia y la cocina, y aprendí a reconocer y admitir eso. #NoMeArrepiento

A diferencia de mí, sin embargo, tal vez tú seas una ardilla con hijos que requieren «vitaminas» en su cena. O tal vez llegues a tu casa muy tarde por la noche y prepares cualquier tipo de comida (del nivel de Martha o no) y la tengas lista en la mesa antes de que esos niños se deban ir a la cama. No estoy negando que estés ocupado, y tampoco estoy diciendo que no tengas la libertad de pedir una pizza grande de pepperoni cada que no te dé la gana de cocinar.

Lo que *estoy* diciendo es que a cada cosa que tienes que hacer en un día determinado le puedes asignar un nivel de prioridad, lo que te ayudará a hacer malabares con todo. Si finalmente admites que no te importan una mierda ciertas cosas, aún mejor. Pues el resto se divide en «tengo que hacer» y «quiero hacer», y de eso se trata arreglar tu desmadre.

Priorizar te lleva MÁS ALLÁ de la magia de mandarlo todo a la mierda, hasta la lejana tierra de partir madres. Los Teodoros se maravillarán con sus nuevos niveles de productividad; los Alvin se darán cuenta de que la vida no tiene por qué costarles tanto trabajo; los Simones perfeccionarán su capacidad natural para la eficiencia y se sentirán todavía más superiores a sus hermanos que antes.

Hipotéticamente, digamos que trabajas de nueve a cinco, no tienes hijos y tienes el problema de «no tengo suficientes horas al día». La cena es parte importante del conflicto, así que tal vez la solución es tener comidas a la mano que no tomen mucho tiempo de preparar o que ya estén preparadas (por ti, no por Papa John's). Puedes ir sacando cada noche lotes de comida congelada que prepares durante el fin de semana. Chili con carne. Hamburguesas. Lasaña. Ese tipo de cosas. Un buen guiso nunca le hace daño a nadie.

Pero *también* digamos que tus fines de semana están llenos hasta el tope. Los niños no tienen clases y necesitan que los cuides o los lleves adonde quiera que vayan los niños en estos días. ¿Futbol? No lo sé. Pasé mi infancia leyendo en mi cuarto, pero eso no tiene nada que ver. Tal vez tienes que hacer trabajo de jardinería. Luego lavar la ropa. Luego pendientes. Comienzas a sentir que pararte frente a un horno caliente por seis horas no es lo ideal por todas las otras cosas que tienes que hacer en tu indulto de 48 horas de la semana laboral.

¿Sabes lo que es ese sentimiento? **Sobrecarga de mierda**®. Necesitas. Priorizar.

Elige un periodo —por ejemplo, hoy, esta semana o este fin de semana—. ¿Qué está en tu lista de tareas pendientes en ese periodo? ¿Qué cosas son las más urgentes? ¿Y qué absolutamente tiene que suceder hoy (o esta semana o este fin de semana)?

Luego, haz tu propia versión de la lista de tareas pendientes y la lista de tareas imprescindibles de las páginas 74-75, únicamente sobre tus tareas domésticas (no sobre tu trabajo; esa es otra parte del libro y otra serie de listas). Si no lo puedes hacer ahora mismo, saca tu teléfono real o metafórico, búscate una hora para enfocarte y anótalo. De otra manera, es posible que nunca lo hagas y habré escrito este libro en vano, lo cual es un pensamiento extremadamente deprimente.[2]

Y no trates de hacer trampa, Alvin. No puedes dobletear cosas en una misma línea (como «ir de compras y cocinar»); realmente tienes que asignarle a cada tarea **su lugar en la jerarquía de lo imprescindible**. («Ir al súper» va antes que «preparar lasaña», que va antes de «lavar los platos»).

Hacer estas listas es **priorizar *en acción.***

TODA LA MIERDA QUE TENGO
QUE HACER EN LA CASA

TODA LA MIERDA QUE TENGO
QUE HACER EN LA CASA
POR ORDEN DE URGENCIA

_____ _____

_____ _____

_____ _____

_____ _____

_____ _____

_____ _____

_____ _____

_____ _____

_____ _____

---

[2] Gracias de antemano por mantener levantado mi ánimo. ¡Lo aprecio mucho!

TODA LA MIERDA QUE
DEBO HACER EN LA CASA

_____

_____

_____

_____

_____

_____

_____

_____

Si alimentar a tu familia tiene la máxima prioridad, ¿qué sigue en tu lista? Ir al súper, a lo que le puedes hacer un huequito mientras los niños están afuera pateando pelotas. Luego encontrar un poco de tiempo para cocinar, que puede ser por la noche (comidas fáciles) o en tandas (delicias congeladas). Una olla de cocción lenta es tu amiga, compañera. Y veamos... como los pequeños tienen que acomodar su ropa antes de poder salir, puedes lavar mientras la lasaña está en el horno y, ¿sabes qué? El pasto puede esperar otra semana para que lo cortes. La próxima semana se va hasta arriba en la lista de prioridades y pides una pizza.

Y si eres madre primeriza con bebé, quizá no haya clases de futbol, pero sí un montón de otras mierdas con las que tienes que lidiar. Si tienes una pareja, ¡cada uno debe hacer su lista! Si no, deberías priorizar «encontrar una niñera» o «ver qué hará la abuela este fin de semana».

(Si eres tan amable de ponerte a escribir y lo intentas, quizá encuentres que es de gran ayuda).

No puedo prever cada cambio en tu estilo de vida o paternidad, pero sin importar cuál sea la situación, cuánta ayuda tengas o no, y si tus hijos practican deportes o se quedan en su cuarto de forma silenciosa leyendo a Laura Ingalls Wilder, mi punto es que: **una vez que puedes manejar tus prioridades, las puedes programar.**

Y, chicas... cuanta más mierda tienes que hacer y menos tiempo crees que tienes para hacerla, **más necesitas crear listas de tareas imprescindibles en tu vida.** De hecho, es cierto que «no hay suficientes horas en el día» para hacer todo. Pero no tienes que hacer todo.

Solo tienes que hacer las cosas que priorizaste.

FRAGILIDAD, ¡TIENES NOMBRE DE DISTRACCIÓN!

Como Arya Stark, la distracción tiene muchos aspectos y está aquí para ponerte en la madre.[3]

No estoy hablando de «tareas imprescindibles» legítimas de último momento, sino de un insidioso veneno que intoxica tus mejores planes desde dentro. **Si enfocarte es como tener el teléfono en el que planeas tu vida, distraerte es como perder dicho teléfono.** Tu día queda completamente patas arriba. Revoloteas como un pollo al que le cortaron la tarjeta SIM. De repente te sientes obligado a dejarlo todo, correr a la computadora más cercana e informar a todos tus conocidos: *Perdí mi*

---

[3] Aquellas que ya vieron la sexta temporada de *Game of Thrones* entenderán la referencia. Aquellas que no, no quiero que se quejen de que se las arruiné, por eso fui vaga. Aquellas que ni siquiera ven *Game of Thrones* solo confíen en la metáfora, ¿okey, chicas?

teléfono. Si necesitan algo de mí, ¡envíenme un correo electrónico! (Lo cual, si lo piensas bien, solo contribuye a que te distraigas más —yo podría lograr muchísimas cosas en un día si las personas dejaran de enviarme correos electrónicos—). No lograrás nada hasta que tengas ese pequeño dispositivo en tu manita caliente, solo así regresará tu capacidad para enfocarte.

Por lo tanto, así como necesitas mejorar tu relación con el tiempo, también necesitas distanciarte de la distracción.

Hay tres sencillas formas de hacer esto:

Toma una acción evasiva

Así como sabes que debes sellar tus ventanas antes de un huracán, conoces tus propias debilidades. ¡No dejes que Arya se aproveche de esto! Si tienes el problema de revisar Twitter de forma compulsiva y esto afecta tu productividad, no mantengas el sitio o la app abiertos cuando tratas de hacer alguna mierda. Sella la ventana y tira la pistola de clavos.

Deja lo que estás haciendo, tírate al suelo y rueda

Si, a pesar de tus mejores intenciones, te descubres con la ventana de Twitter abierta en tu pantalla y no recuerdas cómo llegaste ahí, trata esta situación como lo harías si estuvieras literalmente en llamas. Deja de hacer *scroll* hacia abajo, baja las manos hacia los costados y aléjate del dispositivo el suficiente tiempo hasta que pase el impulso.

Apúntalo

No tiene nada de malo tomarse un descanso mental de vez en cuando. Un descanso mental se convierte en una peligrosa distracción cuando no está planeado o se extiende por mucho tiempo. (Está bien, tal vez no tan peligroso como Arya Stark, pero esta vida no se va a ganar sola, nenas). Si sabes que no puedes resistirte a la seducción del pajarito azul, solo agrega 10 minutos a tu plan de «cuánto me va a tomar llevar a cabo equis tarea» para refrescarte, lo que sea que esto signifique para ti —ponerte al corriente con lo último de las Kardashian, sumergirte en un análisis de las estadísticas de la temporada deportiva actual o dar clic para ver lo que @Emergency-Kittens tiene que ofrecer. Miau, eso está muy bien—.

EL MAGO DEL CONTROL DE IMPULSOS

Anteriormente en el libro pudiste haber notado que uno de mis ejemplos sobre no tener tu desmadre arreglado incluía estar «gorda». Algo así como: «Si estás harto de estar en bancarrota, gorda y confundida». Por favor no tomes esto como una crítica mía sobre tu talla de pantalones. La pérdida de peso simplemente suele aparecer una y otra vez cuando se habla de no tener tu desmadre arreglado, por lo que es un tema que merece ser atendido.

Si bien no soy nutrióloga ni entrenadora personal, hasta donde yo entiendo una dieta o un régimen de entrenamiento es solo una **estrategia** (pérdida de peso / objetivo de acondicionamiento + un plan para lograrlo), y apegarse a esta estrategia requiere **enfoque** (en comidas y entrenamientos individuales) y **compromiso** (comer las cosas correctas, mover las partes del cuerpo correctas). El mejor libro de dietas que todavía no está en el mercado solo cuenta con dos páginas: COME MENOS. MUÉVETE MÁS.

Muy fácil, ¿cierto? ¡Nadie te puede parar! Excepto por un maldito problema: **el control de impulsos.**

El control de impulsos no debe ser confundido con la distracción, que llega a ti de todas partes, cuando menos te lo esperas y de muchas formas. Es difícil combatir la distracción porque no puedes controlar todos los escenarios en los que aparece. Esa mierda es astuta. Pero los impulsos —comer entre comidas, desayunar helado, quedarte acurrucado en la cama en vez de sudarlo todo en la máquina elíptica— son percibidos, procesados y ejecutados (o no) por una sola entidad: tú.

No te «distrajo» un pedazo de pastel. Actuaste bajo el impulso de untar ese pegajoso glaseado de crema de mantequilla en tu lengua y, en ese momento, fue más fuerte que tu deseo de perder peso o ponerte en forma. Y eso no tiene nada de malo. Pero si actuar bajo ese impulso contribuye con tus sentimientos de enojo, tristeza o frustración —por fallarle a tu objetivo— entonces quizá debas admitir que **tienes un problema con la situación de controlar impulsos,** arreglar tu desmadre y confrontarlo con la cabeza en alto.

Si la distracción es Arya Stark, entonces el control de impulsos es más como el Mago de Oz. No es un malvado asesino que cambia de rostro. Nop, solo un hombre con chaleco ridículo que tira de las cuerdas mentales detrás de la cortina de tu cerebro, ocasionando problemas. Se sale completamente con la suya cuando te niegas a mirar detrás de la cortina para reprimirlo. Una vez que empiezas a ponerle atención, no tendrá más remedio que entrar en cintura.

Aquí hay algunos temas de discusión para comenzar:

✔ *¡Oye, mago, deja de estar chingando!*

✔ *Quiero caber en el traje que compré para la boda de Greg, no comerme esa bolsa de M&M's de cacahuate y llorar hasta quedarme dormida.*

✔ *Estoy emocionada por los brazos de jugador de tenis que estoy desarrollando, y te agradecería que no impidieras mi progreso en el gimnasio esta mañana.*

✔ *¿Qué tal si nos inclinamos por el «Hoy me siento bien conmigo misma» en vez del «Mierda, lo hice de nuevo».*

✔ *Te estoy viendo, amigo.*

El Mago del Control de Impulsos no es más que un charlatán con un chaleco ridículo. Tú mandas y tú le dices a él qué hacer, no al revés. Y, honestamente, ¿un charlatán en un chaleco ridículo? ¿Eso es lo que realmente te está deteniendo de ir al gimnasio?

Eso pensé.

Tomar la decisión sobria

El momento más difícil para controlar tus impulsos es cuando estás borracha. Créeme, me ha pasado. Llevaba puesto un cono de esos naranjas en la cabeza y el mago solo estaba ahí tomándome fotos. Es un desgraciado.

Por eso es que empecé a tomar «la decisión sobria» —lo que frena no solo mi forma de beber sino también sus efectos secundarios, como atascarme una gran cantidad de alimentos dos horas después de haber cenado perfectamente bien—. (No me gusta hacer dieta, pero tampoco me gusta tener que comprar pantalones tres veces al año porque no puedo, ya sabes, controlar mis impulsos).

Tomar la decisión sobria significa en esencia **darle la noche libre al mago.** No habrá impulsos del momento ocasionados por el tequila porque ya los controlaste *antes de salir de casa.* Por ejemplo, decidí —en voz alta y de preferencia frente a alguien que me lo pueda recordar después— que «solo me tomaré tres tragos», para no «pedir una pizza a medianoche y comérmela entera». Entonces estoy obligada a revisitar mi compromiso cuando el cantinero (o mi amigo Phil) busque tentarme con la cuarta ronda.

Esta estrategia no es cien por ciento efectiva por obvias razones, pero me ha ayudado a evitar un MONTÓN de disgustos. Resulta que no solo como mejor cuando no estoy hasta la madre ni batallando con la cruda, sino que también hay una fuerte correlación entre tomar la decisión sobria y no tener que vomitar, perder la memoria, ni levantarte sudando de preocupación por los correos electrónicos que el Mago del Control de Impulsos mandó o no mandó la noche anterior.

CURSO POR CORRESPONDENCIA

Ah, seguro te estabas preguntando cuándo llegaríamos al correo electrónico, ¿cierto? Es una chingadera, lo sé. En la era moderna, mantenerte al corriente en tus correos electrónicos es la encarnación del antiguo dicho: «No es fácil, pero alguien tiene que hacerlo» y, por desgracia, ese alguien eres tú. **Y si te atrasas constantemente, el tiempo que pasas escribiendo podría ser el culpable.**

(Sin mencionar el tiempo que pasas a la caza del emoji perfecto. Tienen un jabalí, dos dragones, un pez globo ¿pero no a Aladdin Sane? ¿Qué tan seguido salen a colación los *peces globo* en las conversaciones vía mensaje de texto? Mucho menos de lo que David Bowie sale en las mías, te lo aseguro).

De cualquier manera, para bien o para mal, arreglar tu desmadre significa sacarle el máximo provecho a tu correo electrónico —personal y profesional—, por no mencionar los mensajes de texto, los canales de Slack[4], Snapchat, Fumblr, FacePlace, MyLink y demás. Estas formas de comunicación pueden ser necesarias, innecesarias, divertidas o tediosas, pero te consumen TODO el tiempo, algo que no mucha gente toma en cuenta cuando alegremente presiona «enviar» en su trigésimo séptimo «¡Excelente, gracias!» del día.

Utilizaré el correo electrónico como ejemplo principal porque es el siglo XXI, pero los mismos principios generales aplican para la correspondencia, cuando desentierras tus estados de cuenta, tus tarjetas de RSVP, tus cupones de descuento de tapicería de Crate & Barrel (oye, 20% de descuento en un sillón no es nada despreciable) o el equivalente a un año de catálogos Athleta que no te sirven de nada a menos de que crezcas 10 centímetros este año y desarrolles un gusto por el spandex y los estampados.

¿En qué estábamos? Cierto, en el correo electrónico.

De acuerdo, entonces ahora en vez de que te escondas en tu escritorio como, no sé… una cobarde, necesito que te sientes derecha, flexiones esos dedos con los que tecleas y te pongas a trabajar. Si tu bandeja de entrada es del tamaño del monte Everest, canalicemos a tu sherpa interior y escalaremos.

---

[4] Odio con toda mi alma a Slack, la herramienta de comunicación que debería «revolucionar el correo electrónico». Si no sabes lo que es, considérate suertuda.

No importa el tamaño de tu bandeja de entrada, sino cómo la uses

Alegar: **«Recibo demasiados correos electrónicos»** como excusa para no tener tu desmadre arreglado es como decir: «Hay demasiados mosquitos en mi patio trasero, así que me voy sentar ahí y dejar que me devoren por completo en lugar de llenar mi cuerpo del repelente que está ahí a la mano y encender un par de velas de citronela».

¡NOTICIA DE ÚLTIMA HORA! La mayoría de nosotros recibimos una gran cantidad de correos electrónicos. Pero basados en el volumen, no son necesariamente «demasiados». **Puede *parecer* demasiado para ti debido *a tu* sistema actual de organización,** que está a medias o no existe.

Sí, algunos recibimos más que otros, pero la **cantidad de correos electrónicos no es realmente el problema. El problema es el manejo del tiempo.** La razón por la que sientes que tienes demasiados correos electrónicos es porque no estás lidiando con tu correo electrónico de modo oportuno y eficiente.

Además de cancelar la inscripción a boletines[5] y rogarle a tu padre que te saque de su cadena de chistes «colorados», casi no hay nada que puedas hacer para reducir el volumen de correos electrónicos que recibes. Lo único que puedes hacer es atacarlos como Ed Norton ataca a su otra personalidad, protagonizada por Brad Pitt, en *El club de la pelea*. (Lo siento si acabo de arruinarte esta película, pero de cualquier manera tienes muchos correos electrónicos que responder antes de que puedas verla).

Pero para que no te desanimes, date cuenta de que dije que «casi» no hay nada que puedas hacer. Hay una táctica simple que puedes emplear para reducir el número de mensajes que recibes.

Puedes reducir el número de los que *envías*.

---

[5] Unroll.Me es lo *mejor*.

Frena tus hábitos de envío

¿Tratas tu bandeja de salida como tu vomitorio personal? ¿Pasas horas componiendo correos largos y perfectos que nadie lee? ¿O tal vez tienes ocho diferentes cadenas a la vez con la misma persona, aunque cada una de ellas aborda el mismo proyecto (o la misma película de Channing Tatum)?

Bueno, si parte importante del problema de que la bandeja de entrada esté a punto de desbordarse eres TÚ, entonces puedes parar ese asunto desde la raíz. Aquí hay algunas técnicas para que comiences a **mandar menos correos electrónicos**:

Ese no era Luis Miguel

Quieres ponerte en contacto cibernético con alguien por diversión o porque estás aburrido (¿procrastinando mucho?), así que envías tres inofensivos pero innecesarios correos electrónicos —sobre el clima, sobre las baratas en Suburbia y sobre el tipo en el camión que tomas por las mañanas que podría haber sido Luis Miguel pero probablemente no lo era—. Pasas dos minutos componiendo cada correo electrónico y —sorpresa— recibes tres respuestas. A las cuales les dedicas dos minutos más (en cada una) para leer y posiblemente contestar (otros dos minutos). **El ciclo de respuesta incesante** continúa. De repente, hoy dedicaste 20 minutos en tres diferentes conversaciones por correo electrónico sin sentido, ¿y te preguntas por qué tu bandeja de entrada está inflamada como los tobillos de una señora embarazada en agosto?

Yo también puedo caer víctima, pero intento ser juiciosa. En ocasiones voy tan lejos como escribir un mensaje de dos minutos, luego pienso por un segundo si abrirá una molesta caja de Pandora (para mí o para la persona del otro lado) y lo borro. Tal vez perdí dos minutos y un segundo, pero al menos me ahorré el tiempo de lidiar con una posible respuesta, por no mencionar la inútil historia sobre Luis Miguel que le ahorré a mi esposo.

Vete por el todo incluido

Si tienes un jefe/colega/cliente con el que te escribes de forma regular, intenta condensar tus comunicaciones a uno o dos mensajes en lugar de cinco, seis o 16. Si tu pregunta o idea no es urgente, ponla en un mensaje borrador al que le puedas agregar cosas durante toda la semana y envíalo todo junto. Esto también te ayuda a separar el trigo de la paja —si escribes borradores que solo ves tú, tal vez para el miércoles habrás notado que la pregunta del lunes era estúpida. Bórrala y nadie tiene por qué enterarse—.

Hazlo a la antigua. Levanta el teléfono. Desplázate hacia el otro lado del pasillo. Enciende los *walkie-talkies*. Desperdiciarás menos tiempo teniendo una sola conversación en vivo con otro humano que con ese ir y venir de correos electrónicos —especialmente si gastas tiempo valioso tratando de dar con el «tono» correcto—. El tono es una cosa que sale bastante bien de tu boquita santa, sin necesidad de emoticones.

¿A quién le importa?

Cada idea que llega a tu cabeza no tiene por qué ser convertida en un correo electrónico y convertirse en un caso de tifoidea que se ponga en cuarentena. Antes de que comiences a escribir, cuestiónate: «¿Esto importa una mierda?» La mitad del tiempo no es así.

Y aquí hay algunas técnicas para mandar *mejores* **correos elec-trónicos.**

Solo los hechos, señora

¿Sufres cuando reescribes correos electrónicos del traba-jo y luego las personas del otro lado no hacen ni la mitad (o nada) de lo que les pediste, y tienes que darle segui-miento al asunto la próxima semana de cualquier manera? Eso es porque vieron tu nombre en la bandeja de entrada y su respuesta automática fue «tl;dr».[6] Tus correos son bellezas informativas emocionalmente matizadas, pero son DEMASIADO LARGOS. He estado en ambos extremos de esta ecuación (¡esos antigurús son justo como nosotros!) y no termina bien para nadie.[7] En el segundo acto, escena dos de Hamlet, el evidente charlatán de Polonius anuncia: «La brevedad es el alma del ingenio». Bueno, también es el alma de la comunicación efectiva en el trabajo.

Tú: apégate solo a las madres importantes, sin ador-nos retóricos, y pasa menos tiempo redactando tu misiva. Ellos: sí la leen en realidad. Todos: ganan.

---

[6] Abreviatura en inglés para «demasiado largo; no lo he leído».

[7] Estimados antiguos colegas: Hola, sé que tengo que mandar correos electró-nicos más cortos y concisos: estoy trabajando en ello. Pero también me pongo mal cuando las personas que no tienen la capacidad de realizar su trabajo me dicen que es porque tienen «demasiados correos electrónicos». Todos tenemos que aceptar nuestra responsabilidad aquí, así que mejor llámale por teléfono a tu mejor amiga para recapitular *Project Runway* y tu bandeja de entrada seguro quedará más manejable.

(Y sí, esto está dirigido a una persona en específico. No me enorgullece aceptar que cargo resentimientos como Lennie Small carga conejos).

Pregunta lo que es importante

Cada que se celebra una conferencia de prensa en la televisión hay cerca de 30 periodistas por cada uno que logra hacerle una pregunta a la celebridad, el político o el director del FBI en la mesa. Esto quiere decir que si los eligen, su pregunta tiene que importar, e importar mucho. Uno, quizá dos enunciados dichos de forma concisa. Piensa en tus correos electrónicos de la misma manera. Pregunta lo que más necesitas que te respondan en la primera línea y tendrás más posibilidades de obtener una respuesta. También podrás notar que son innecesarias las líneas de la 2 a la 29.

Pon a correr el reloj

Establece lo que es urgente de antemano (sin embargo, no con esos horribles signos de exclamación rojos, esos son como un suicidio cibernético). En su lugar utiliza lenguaje claro e informativo en la parte del mensaje, como «necesito saberlo antes de las 5 p. m.». Ponerle un periodo determinado a la respuesta de alguien podría sentirse agresivo al principio, pero mientras no seas el pasante que da una falsa alarma, es probable que las personas respondan mejor a una fecha límite en específico que a un meloso «Cuando tengas oportunidad».

Si es de prioridad baja, probablemente ni siquiera deberías enviar ese correo electrónico.

Pero por el bien de la discusión, digamos que tienes bastante bien controlados tus hábitos de envío. Ya sea que, para empezar, nunca tuviste un problema (sí, seguro no) o hayas tomado los consejos anteriores con excelentes resultados (de nada). Y a pesar de que hayas logrado que tu mamá ya no te envíe más gifs de piolín, el volumen de lo que recibes todavía te tiene hasta el tope de nieve, al estilo de *El Resplandor*.

Lo que necesitas es otra película de terror como antídoto: *The Purge* (*La Purga* o *12 horas para sobrevivir*). Tal vez durarás más de dos horas sentado, pero al final tendrás los pelos de punta. De una buena manera.

La purga

Un amiga mía recién me confesó que tiene 13 000 correos electrónicos conviviendo ahí en su ciber garaje. No hace falta decir que lloro por ella.

Desde que inició sesión por primera vez, no conoce ese mágico momento cuando no queda nada en la bandeja de entrada que requiera tu atención. Ese momento se llama **InboxCero** y, oh, Dios, se siente bien.

(Aunque aquí debo señalar que, similar a la frase «Nada me importa una mierda», este término puede ser un poco engañoso. Que nada te importe una mierda implicaría que vivieras solo, desnudo y en un tanque de aislamiento sensorial, lo que supongo significa que tampoco recibirías ningún correo electrónico, pero eso no es algo factible para nadie que no haya salido de una historia de Philip K. Dick. Conseguir que literalmente tengas cero mensajes en tu bandeja de entrada también podría parecer poco factible, pero ciertamente puedes acercarte).

Lo que tú —y mi amiga, que Dios la bendiga— tienes que hacer es **purgar, purgar, purgar.** Y luego flexionar esos músculos de purga de forma diaria o semanal para garantizar que nunca más tengas que dedicarle más de una pequeña cantidad de tiempo a eso. La purga inicial puede tardar un día entero. Si tienes 13 000 correos electrónicos, podría tardar una semana. Pero si te tomas en serio lo de arreglar tu desmadre a largo plazo, tienes que crear una estrategia, enfocarte y comprometerte a corto plazo. **Dedica el tiempo ahora para ahorrarlo después.**

Así se ve la purga:

Crea una estrategia: Llegar a cero (o cerca de cero) mensajes al borrar, archivar o responder todo lo que esté en tu bandeja de entrada ahorita, de una vez por todas.

Enfócate: Reserva el tiempo necesario en tu calendario. ¡Rápido, antes de que recibas 10 correos más! (Si las cosas están totalmente fuera de control, puedes contar tus mensajes y hacerte cargo del 10% de ellos para estimar cuánto tiempo te tomará y cuántos Red Bulls necesitarás para llegar a dejarla vacía). Sin lugar a dudas tendrás que *priorizar* la purga sobre algo menos urgente, como depilar tus piernas y... otras cosas.

Tip profesional: purgar temprano por la mañana o tarde por la noche ayuda, ya que es menos probable que recibas una tonelada de mensajes nuevos mientras intentas tomar el control de la situación actual.

Comprométete: Comienza con **«borrar»**, porque es bien pinche fácil. Ahí es cuando te sentarás con un dedo en la tecla de flecha hacia abajo y otro en el icono de papelera listo para eliminar los boletos de avión caducos, las hojas de registro a Weight Watchers y los correos no deseados que inexplicablemente no borraste en el momento que llegaron. ¿Planeabas responderle a ese amable hombre nigeriano que te pidió que le enviaras 300 000 dólares? Organizarlos por la persona que los manda es una chulada —puedes erradicar todos los correos de Recursos Humanos de un solo golpe—. ¿Alguna vez has recibido algún correo útil de RH? Exacto.

Después tienes que **«archivar»**. Tu programa de correo electrónico viene con una función para agregar carpetas. Confía en mí. Si hay un mensaje que no requiere de una acción, pero necesitas acceder a él posteriormente, puedes crear una carpeta y luego archivar esa mierda. Mis carpetas de correos tienen nombres como «Invitaciones para hablar», «Alemania» y «Misceláneo» (la carpeta miscelánea funciona como el cajón en el que apilas todos tus juguetes sexuales cuando viene tu mamá de visita. Muy útil).

Por último, es momento de **«contestar»**. Esto es lo que has estado evitando todo este tiempo —decirles a las personas que «nunca recibiste el correo» o «todavía no has tenido tiempo para verlo» porque o bien legítimamente no lo viste entre tus otros 12 999 mensajes o priorizaste esa cadena de respuestas con tu amiga Tina sobre tus síntomas de infección urinaria sobre, ya sabes, el trabajo de verdad. Es hora de servirte un vaso enorme de jugo de arándano y acabar con ellos. Una vez separados de la manada, la mayoría será bastante fácil de detectar y eliminar, pero si un mensaje en particular tomará mucha cabeza/tiempo para contestar, sepáralo y calendariza eso como una actividad individual en tu lista de tareas imprescindibles de la semana. (Solo préstale atención a Polonius mientras lo hagas).

El trasero en la silla y a borrar, borrar, borrar. Ve un paso más allá y a archivar, archivar, archivar. No seas ese tipo de persona y a ¡contestar, contestar, contestar!

El día a día (o semana a semana)

Una vez que hayas purgado tu camino hacia el Inbox Cero o algo cercano, ponerte al día con el correo electrónico no será un eterno desastre de forma perenne. Creále **su propio intervalo de tiempo, donde te enfoques en él y solo en él (X) durante (Y) minutos u horas,** dependiendo de tus necesidades.

Y si tienes una reacción pavloviana al *ping* de las notificaciones de tu teléfono celular o computadora, ¿sabes que puedes apagarlas, verdad? Yo solía hacer eso cuando quería editar en mi escritorio sin ser interrumpida, y nunca me perdí de un mensaje urgente. Toda esa mierda me esperaba después de la comida, cuando estaba lista y preparada para lidiar con ella. Por supuesto, trabajaba en publicidad. Si eres un empleado de Google, podrían llevarte a juicio por eso. Es un llamado al buen juicio de cada quien.

La clave es manejar bien el tiempo y saber cómo se ve tu volumen regular de correos —no esa reserva de locura que construiste durante los últimos seis meses—. Puedes llevar a cabo la purga del 10% de la que hablé, extrapolar y luego separar el tiempo que necesites para manejar tu correo durante tu día o semana. Si pones de presupuesto 30 minutos o dos horas para hacer eso (y nada más), estarás más organizado, menos agotado y ya no tendrás la reputación de ser La Chica Que Nunca Responde Los Correos.

Ansiedad de bandeja de entrada

Por último, tengo **un tip especial para todos los Simones allá fuera.**

¿Te preocupa que si te alejas de tu correo electrónico por demasiado tiempo rueden cabezas, caigan imperios y las ardillas nunca vuelvan a ser contratadas para dar un concierto, y que todo eso *sea tu culpa*?

Entonces tienes **ansiedad de bandeja de entrada,** y estoy aquí para decirte que «responder de forma patológica», aunque sea tentador, no es la respuesta.

Sé que piensas que lo es. Yo también lo hice por 20 años —o por el tiempo que lleve existiendo el correo electrónico— hasta que descubrí que estaba atrapada en el **ciclo de respuesta**

incesante. Sin principio ni fin, menos grotesco que el ciempiés humano, pero igual de trágico.[8]

Para empezar, responder tus correos de forma patológica al momento que llegan es clásico **comportamiento proactivo vs. reactivo.** Es como intentar pisar en el agua en vez nadar hacia la costa: estás gastando toda esa energía para quedarte en el mismo lugar. Un mal lugar. Un lugar de ansiedad. Bien podrías amarrar esas cadenas de correo electrónico a tus tobillos y hundirte hasta el fondo, porque para allá vas de cualquier manera. Si te enganchas en actos agresivos de borrar-archivar-contestar *todo el día*, nunca lograrás nada más y te ahogarás. En correos. ¿Lo entendiste?

Probablemente también acabes respondiendo demasiado rápido a un mensaje y dándote cuenta segundos (o una hora) después de que había más por decir, y necesitarás otro correo. Espera. **No seas reactivo.** Enfócate en eso después, de un tirón, cuando tengas el tiempo y la energía de ser precavido, estratégico y proactivo. Cuando puedas responder como diría Joe Friday: «Solo los hechos, señora» y tengas el tiempo de ir por el *todo incluido*.

Si te encuentras en las garras de la ansiedad de bandeja de entrada, utiliza el ejercicio de la página 90 de «dejar lo que estás haciendo, tirarte al suelo y rodar». Aléjate lentamente de tu dispositivo, respira profundo, consulta tu lista de tareas imprescindibles y recuerda: revisarás tus correos hoy a las 3:00 p. m., entre la ida al dentista y el borrador del comunicado de prensa.

La magia de programar ([ejem] calendarios [ejem]) es que esto puede liberar tu mente de la ansiedad de bandeja de entrada.

Ahí merito tienes un poco de despeje mental de buena calidad.

---

[8] Si no sabes lo que es un ciempiés humano, no te recomendaría buscarlo. No es la vida que quieres vivir.

Y aunque el correo electrónico es probablemente la amenaza más común y dominante para no arreglar tu desmadre, la correspondencia toma muchas formas. Como lo dije antes, después de leer esta sección y tomártela en serio, tal vez te encuentres pensando dos veces antes de enviar ese texto innecesario o de publicar en Slack, no vaya a ser que generes una avalancha de distracción auto-impuesta y un ciclo de respuesta incesante que no te deje respirar, deja tú hacer alguna mierda. Es difícil ser un ciempiés humano.

OLVIDANDO EL TIEMPO: EL EXPERIMENTO

Ese ruido que escuchas soy yo tronándome los nudillos. (No te preocupes, aunque aprecio tus preocupaciones, suena peor de lo que se siente).

Estoy a punto de crear un ejemplo a largo plazo que unirá todo lo que hemos aprendido hasta ahora sobre **establecimiento de objetivos, motivación, listas de imprescindibles, manejo de tiempo, priorización, estrategia, enfoque y compromiso.**

Comenzaré dándote un escenario hipotético de **Qué/Por qué** y te guiaré a través de él paso a paso.

> **¿Qué está mal con mi vida?** Paso demasiado tiempo en el trabajo y no me ha tocado la Hora Feliz en seis meses.
>
> **¿Por qué?** Siempre que la palabra «tiempo» está incluida en una oración sobre lo horrible que es tu vida, la culpa es probablemente de la mala gestión. Tienes que desarrollar un mejor entendimiento y una mejor relación con el tiempo. (¿Cómo va la instalación del reloj de arena? ¡Me mandas fotos!).
>
> **Objetivo:** Terminar tu trabajo sin tener que quedarte hasta tarde.

Muy bien, veamos... la mayoría de los días te descubres en tu escritorio (o puesto equivalente) dos horas después de lo previsto, de lo que esperabas y de lo que te pagan. Estrás atrapado en una rutina de llegar tarde llena de complacencias. Parece que necesitas **motivarte.**

Prueba **el poder del pensamiento negativo** para eso:

✘ ¿Odias trabajar tarde?

✘ ¿Te hace enojar?

✘ ¿Pasas tu hora de la comida fantaseando con venganzas que incluyen máquinas fotocopiadoras, revistas pornográficas y las fotos familiares de tu colegas, cosa que podrías implementar solo si te quedas *todavía más tarde?*

✔ ¿Quieres dejar de gastar tu tiempo y energía en odio, ira y venganza, y en su lugar dedicar ese tiempo y energía a terminar tu trabajo para que puedas decir «ahí se ven» antes de que la Hora Feliz solo sea un recuerdo distante?

Así lo pensé. Ahora apliquemos la **Teoría ATD** a esta situación. Llaves, teléfono, cartera: ¡Reporte!

Objetivo: Terminar tu trabajo sin tener que quedarte hasta tarde.

Estrategia: Transforma tu lista de tareas pendientes en una lista de tareas imprescindibles. Al *planear* tus funciones y *priorizarlas,* partirás tu día en tareas pequeñas y manejables en vez de tener una enorme masa informe de urgencia indistinguible. Esto minimiza el trabajo que tienes que hacer, y si estás tratando de atiborrar menos tu día, te obliga a terminar antes.

(Si salir del trabajo a tiempo en realidad es un problema para ti —no lo escogí como mi situación hipotética porque se quejen poco de esto— dale una oportunidad al **método de tareas im-**

prescindibles en el espacio de más abajo o en el papel reciclado de tu elección).

TODA LA MIERDA QUE TENGO QUE HACER EN EL TRABAJO EN EL FUTURO CERCANO

_____

_____

_____

_____

_____

_____

_____

_____

TODA LA MIERDA QUE TENGO QUE HACER EN EL TRABAJO **POR ORDEN DE URGENCIA**

_____

_____

_____

_____

_____

_____

_____

_____

TODA LA MIERDA QUE **DEBO** HACER HOY

_____

_____

_____

_____

_____

_____

_____

_____

_____

Enfócate: Aquí es cuando entra el *manejo de tiempo*. Lograste reducir tu lista de 10 elementos a cinco, pero recuerda que *enfocarte* se trata de separar una cantidad realista de tiempo para poder realizar una tarea. Y utilizar ese tiempo exclusivamente para completarla. ¡UNITASKING! Para poder enfocarte de forma efectiva tienes que saber *cuánto tiempo toma* completar esas tareas individuales. Por supuesto, habrá fluctuaciones en tu día laboral, pero si ya mejoraste tus habilidades en el manejo del tiempo, podrás adaptar por instinto tu radio de «tareas contra tiempo» conforme se vayan dando las cosas.[9]

Comprométete: Ya estableciste los elementos imprescindibles. Ya apartaste el tiempo para hacer cada uno de ellos. Ahora tienes que sacar tu cartera metafórica y el que paga, manda. Siéntate (o párate o quédate suspendido en el aire, ¿tal vez eres un astronauta?) y ponte a hacer esa mierda. Aquí es donde el **poder del pensamiento negativo** seguirá sirviéndote. Ya lo utilizaste como ayuda para formular tu objetivo: estabas cansado de permanecer atado a tu escritorio (o nave espacial) mucho después de que el día supuestamente ya había terminado. Odiabas perderte los planes divertidos porque siempre estabas «a punto de terminar»... por tres horas. Canalizaste esos sentimientos negativos en acciones. ¡Continúa así!

Si necesitas más *motivación* para comprometerte con el plan, suma los sentimientos de fatiga y el miedo a perderte de algo por

---

[9] Esta habilidad repercute en todas las áreas de tu vida: ya no te perderás de los aperitivos ni del último camión ni de los primeros 15 minutos de una película porque no te diste el tiempo suficiente para llegar ahí.

estar desconectado y combátelos completando una tarea pequeña y manejable a la vez, tachando cosas de tu lista de tareas imprescindibles y dejando el trabajo no solo a tiempo, sino con una nueva sensación de realización y anticipación por ese primer martini a mitad de precio que no has bebido en meses.

Por alguna razón no la llaman la Hora Triste.

LA EMBOSCADA DEL MEDIODÍA

Ya sea que rompas sin querer un envase de pepinillos en el pasillo tres o que recibas una visita sorpresa del CEO, a veces suceden cosas de improvisto con las que tendrás que lidiar al vuelo. Eso significa que tienes que *priorizar* al vuelo también. Si trabajaste en tu lista de tareas imprescindibles, tu desmadre debe estar lo suficientemente arreglado como para sobrevivir un ataque sorpresa. Los Teodoros podrán salir de debajo de la cama. Los Alvin podrán quedarse dentro del edificio. Y los Simones podrán seguir sin echarse seis Clonazepam. Un beneficio oculto: es posible que, para hoy, no hayas priorizado tanto como podrías, y la VERDADERA emergencia que tienes que resolver ese mismo día te mostrará que, después de todo, hay algo que no pertenecía a tu lista de tareas imprescindibles.

EL GOLPE DE DINERO

Junto con el tiempo y la energía, el dinero es uno de los tres recursos básicos que tienes a tu disposición para hacer o deshacer tu carrera para ganar en la vida. **Y el dinero es el único recurso que jamás falla.** Se puede gastar menos dinero. Se puede ganar más dinero. Y el dinero preexistente puede quedarse en una cuenta de altos intereses y hacerse solo mientras tú duermes o pierdes conciencia mientras ves El Gourmet.

Conozco a un montón de personas —algunas que ganan menos dinero que yo y algunas que ganan más— que se quejan de sus finanzas. Que se lamentan de no poder pagar o ahorrar para esto o lo otro. Piensan que el dinero es como un león que no puede ser domesticado. O, peor, un lindo y peludo mogwai en las calles y un gremlin entre las sábanas

En realidad, el dinero es solo un pedazo de papel y tú eres un ser humano de verdad con libre albedrío y, probablemente, por lo menos dos pares de tenis deportivos. Si eres alguien que dice **«No puedo llegar a la quincena sin sacar de mis ahorros»** o «Siempre gasto más de lo que debería», entonces estás permitiendo que el dinero construya una prisión alrededor de ti y te convierta en su perra.

Lo que estoy diciendo es: «No seas la perra del dinero».

Tienes que manejar tu dinero, no al revés. Se han escrito libros enteros sobre este tema[10] por economistas y gestores de patrimonio y millonarios autodidactas y tipos llamados Jim. Pero si la administración del dinero es lo único con lo que necesitaras ayuda, probablemente hubieras ido a ese estante en la librería. ¿Por qué? Porque yo prometí enseñarte cómo arreglar tu desmadre de una manera más amplia y radical, una que incluye, pero no se limita, a tu vida financiera.

Y eso haré.

El secreto es: **Todos los secretos son iguales.**

Acabamos de utilizar una combinación de crear una estrategia, enfocarte y comprometerte para acortar tu día laboral. Ahora

---

[10] En Amazon actualmente hay 73 257 resultados para libros sobre «manejo de dinero».

haremos lo mismo para **llenar tu cuenta bancaria y permitir objetivos de vida que alguna vez creíste fuera de tu alcance, a través de una mezcla de gastar menos y ahorrar más.**

Hola, gastalona

Ya sea que tu objetivo sea alto (un par de zapatos sexys para ponerte en tu reunión a 10 años de que saliste de la prepa), grande (un brazalete de diamantes para presumir en tu reunión de la prepa luego de 20 años) o venti (amarrarte el estómago por adelantado para tu reunión de prepa a los 30 años), tu estrategia podría ser tan fácil como renunciar a tu ronda de cafés de 100 pesos en *Starbucks* por una cantidad X de días hasta que tengas el efectivo para alcanzar tu objetivo Y.

> **Objetivos de vida que te podría gustar lograr**
>
> - Salir de la deuda
> - Reparar tu terraza
> - Poseer un vestido de diseñador
> - Ganar una subasta en eBay
> - Despilfarrar en un *strip club*

✔ 30 días de enfocarte y comprometerte = 3 000 pesos en frapuchinos con crema de vainilla, o un par de zapatos sexys.

✔ 300 días es 30 000 pesos en valor de diamantes.

✔ 1 200 días (120 000 pesos) para una reducción de abdomen a mitad de precio.

La misma estrategia puede aplicar para cosas más grandes, como pagarle al ortodoncista o la universidad a tus hijos (o *tu* ortodoncia o *tu* universidad). Tal vez hasta para dar el enganche de un Mini Cooper. Esos carritos son adorables.

Pero primero lidiemos con una situación hipotética más universal.

¿Qué está mal con mi vida? He notado que tiendo a los números rojos cada mes y no me gusta eso.

En efecto. La sensación de ver cómo llega tu cuenta a ceros y luego más abajo es similar a la sensación de ver cómo un adolescente, en una película de terror, regresa a la casa en la que claramente lo está esperando el asesino.

¿Por qué? Este... ¿estoy gastando demasiado?

¡Sí! Estás mejorando en esto. Digamos que 2 000 pesos. Y entiendo que 2 000 pesos en el transcurso del mes no necesariamente sean «demasiado» para algunas lectoras, pero es un número redondo y no soy más que una humilde egresada de literatura inglesa. Cualquiera que sea tu déficit mensual, estoy aquí para ayudarte a aplicar tus recién descubiertas habilidades en un amplio espectro de desmadres sobre tu propia vida y tu propio concepto de ganar. (Nota: esta situación hipotética también supone que la persona en cuestión no logra descifrar adónde se van esos 2 000 pesos, o ya hubiera dejado de gastarlos, maldita sea).

Objetivo: Gastar 2 000 pesos menos cada mes. No entres en la casa. No tientes al asesino. Muy sencillo.

Para eso, necesitas...

Crear una estrategia: ¿Qué tal gastar 500 pesos menos cada semana durante cuatro semanas? Cada incremento de 500 pesos es una tarea más pequeña y manejable que 2 000 en total. Haz una tarea a la vez.

Eso se llama...

Enfocarte: Esta semana, cuando te enfrentes a un gasto potencial, piensa en cuánto costaría en incrementos de 500. Pregúntate «¿Realmente lo necesito?» Si la respuesta es no, no saques tu cartera ni pases tu tarjeta de crédito ni firmes tu nombre en la línea punteada.

No gastes el dinero. Eso es conocido como...

Comprometerte: Si estás leyendo la revista de Martha y te tienta demasiado la más nueva cera para depilar el bigote con aroma a tocino, pero no necesitas otra jarra pegajosa sobre tu lavabo, no la compres. Esos son 500 pesos que ahorraste por resistirte a los encantos del tocino. ¿Salir a cenar? Mmm... qué rico. Pero quédate con una entrada y una bebida —sáltate el aperitivo y el postre (o viceversa). Mira, ahí están otros 500 pesos que no gastaste. Ya llevas la mitad de tu objetivo. Tal vez también lleves la mitad de tu objetivo de perder peso. ¿QUIÉN SABE?

Cuando lo expongo así, todo parece muy obvio, ¿cierto? Sin embargo, muchas personas (a) nunca se ponen un objetivo, y (b) si lo hacen, se abruman por su dimensión, por lo que (c) no se pueden enfocar ni (d) comprometer.

NO QUEDA DE DÓNDE AHORRAR

Ya en serio, no quiero restarle importancia al privilegio inherente en los consejos financieros que estoy dando. Mi suposición es que la mayoría de las personas que leen este libro tienen algunos ingresos disponibles y que, por lo tanto, pueden disponer de esos ingresos extra. Pero tal vez no estés analizando tu impulso de comprar en la fila de Walmart, sino más bien te encuentres con la factura del teléfono en una mano y una caja de pañales en la otra. Quizá este libro fue un regalo, un préstamo de biblioteca o gastaste el poco ingreso disponible que tienes en él porque esperas que te ayude a hacer algunos cambios importantes. Si ese es el caso, primero que nada, gracias por leer este libro. Segundo, espero que mis consejos logren su cometido, más que hacerte sentir minimizada o excluida. Y tercero, espero que hayas disfrutado la broma sobre el síndrome del colon irritable. Estoy orgullosa de esa.

Si nunca te has concentrado realmente en tus gastos semanales, entonces tal vez no te hayas dado cuenta de que esa cera para el bigote o ese tiramisú son los 500 pesos —por cuatro— de tu déficit mensual. (Mejor aún, multiplicados por 52 semanas, son unos maravillosos 26 000 al año que te encontraste debajo del cojín de tu sofá metafórico).

Ahora hagámoslo todavía más fácil.
Digamos que esta deuda de 2 000 pesos al mes te está persiguiendo como ese maldito cabrón de la película *Está detrás de ti* —cuya buena crítica me dejó perpleja—, pero esos 500 a la semana todavía no se sienten como un

objetivo lo suficientemente pequeño y manejable para mantenerlo a
raya. Entonces divídelos todavía
más, en una cantidad *diaria*.

Eso equivale a 70 pesos que
NO debes gastar cada día para
compensar tu déficit de 2 000
pesos.

Ahora te voy a pedir que te
concentres durante un segundo
para descubrir en qué gastas tu
dinero cada día. Tal vez te ayude...
no sé... ¿crear una lista? Si lo haces
(y, repito, asumiendo que tienes in-

> **Cinco cosas en las que
> no debes gastar 70
> pesos (o más)**
>
> - En una taza de café
> - En billetes de lotería
> - En tres paquetes de
>   chicles
> - En un llavero de *shot*
>   colapsable
> - En tres artículos y
>   medio de la tienda
>   de descuentos

gresos disponibles, pero no puedes controlar en qué se
van cada mes), es muy probable que encuentres 70 pesos
en esa lista que puedas eliminar con facilidad y **con cero
—o mínimo— impacto negativo en tu calidad de vida.**

Pero por enésima vez, querida ardilla, no estoy aquí para
vigilar tus hábitos de compra ni para decirte qué prioridades en tu vida son las correctas (o incorrectas). Solo
intento mostrarte que si **piensas en tus hábitos de compra como una parte pequeña del todo —centavos de
cada peso, se podría decir—** puedes arreglar tu único e
inigualable desmadre financiero también.

Ah, y cuando estés listo para atacar tus finanzas, tal
vez valga la pena invertir 70 pesos en otra libreta para su-
pervisar tus gastos diarios (el diario de la procrastinación
es un espacio sagrado). Registrar todo lo que gastas te
obliga a enfrentar tus decisiones y a tomar mejores antes
de que regreses a casa del mercado de antigüedades con
un pulidor de piso y cinco kilos de nueces caducas.

Compramos un zoológico

Bien, ya hablamos sobre NO gastar. Ahora hablemos sobre ahorrar ACTIVAMENTE. El mayor error financiero que la gente comete es pensar que deben comenzar a guardar sus ahorros y luego decir: «Ahora sí, a partir de mañana».

Hacen eso porque **el objetivo final parece demasiado grande para contemplarse hoy.**

Bien, ya te mostré la diferencia que 70 pesos pueden hacer hoy, o 500 pueden hacer esta semana, o 2 000 pueden hacer este mes. Si guardas todo el dinero que te sobre, podrías ahorrar esos pocos pesos a la semana y, después de varias y varias semanas, dedicarlos en algo que te traiga un chingo de alegría.

Un viaje a Disney World. Un coche nuevo. El enganche de un zoológico. O una casa, lo cual probablemente es más práctico.

¿Todavía tienes dudas? Tal vez te ayude pensar en tu plan de ahorros como **una alcancía de puerquito en cuya hendidura solo caben monedas pequeñas.** Nadie te está pidiendo que pongas un montón de billetes de 500 a la vez. No, la forma más fácil y efectiva de alcanzar tu objetivo más grande y a largo plazo es en tareas pequeñas y manejables. Y cuando lo haces de esta manera no es tan difícil. Cambiar de carrera es difícil. Superar una adicción es difícil. Cuidar a tus padres ancianos es difícil. Ahorrar unos cuantos pesos no es terriblemente difícil —todo lo que requieres es... adivina... **crear una estrategia, enfocarte y comprometerte—.**

Y **tiempo.** Lo cual quiere decir que sí, este tipo de objetivos también requiere paciencia.

Los Alvin del mundo no tienen ese tipo de capacidad de atención, por eso yo les imploro que partan este tipo de objetivos en tareas pequeñas y manejables para que *se* puedan concentrar un poco cada día en vez de huir a las montañas en cuanto alguien mencione un «plan a tres años».

Ya les conté sobre mi experiencia de ahorrar dinero para poder renunciar a mi trabajo y comenzar a trabajar como *freelance*, así como construir una casa en el Caribe. ¡Sí! No más monótonas salas de conferencias, no más ampollas por usar tacones, y acceso ilimitado a la cerveza Presidente Light. Más vale que tome algún analgésico si voy a seguir dándome palmaditas en la espalda, ¿cierto?

Pero el resultado, por más fabuloso que sea, no es lo que quiero enfatizar aquí. Lo que quiero transmitirles sobre todo este asunto es que: TOMÓ MUCHO TIEMPO. Carajo, hasta tomó mucho tiempo *establecer* esos objetivos. Eran muy grandes. Un cambio de vida, se podría decir. Una vez que los establecí, no es como si hubiera podido ponerlos en acción el mismo día. (No de forma responsable).

Ahí es donde entró mi estrategia y, como ya lo mencioné, terminó requiriendo **un año completo de ahorros** para llegar hasta donde necesitaba. Trescientos sesenta y cinco días de apartar una pequeña cantidad de dinero y ponerla en una cuenta de ahorros.

Si eres un Alvin, tal vez ya tengas los ojos vidriosos, pero quédate conmigo un segundo, porque todo es cuestión de **perspectiva.**

Los seres humanos **pagan dinero todo el tiempo y luego esperan que las cosas sucedan,** ¿cierto? Nos cobran por adelantado los boletos de la temporada y luego tenemos que recuperar nuestra inversión en el transcurso de varios meses (especialmente largos si eres fan de los Cafés de Cleveland). Desembolsamos la cuota mensual de Hulu y esperamos eternamente esos 10 episodios del único programa que queríamos ver y por el que pagamos la membresía. Millones de personas le han dado a George R. R. Martin su dinero ganado con dificultad e incalculables horas de su atención durante años, y nunca podrán descubrir lo que sucederá con el bastardo de Westeros si no se pone a trabajar en esos dos últimos libros.

Por supuesto, vale la pena ejercer un poco de paciencia por el enganche de un zoológico o de una casa propia (o una vacación fabulosa, o un increíble conjunto de llantas), ¿no? La única diferencia es **la cantidad de dinero y el tiempo que te separa de tu objetivo,** en ese aspecto, arreglar tu desmadre es relativamente fácil.

Si tienes más dinero para ahorrar cada día = Te tomará menos tiempo alcanzar tu objetivo

Si tienes menos dinero para ahorrar cada día = Te tomará más tiempo alcanzar tu objetivo

De cualquier manera —y ya sea que tengas que ahorrar 2 000 pesos para pagarle al mecánico o dos millones para comprarte un yate (¿o la mitad de un yate?)— el objetivo eventualmente se alcanza.

Lo tienes bajo control.

UNA CUCHARADA DE FUERZA DE VOLUNTAD AYUDA PARA TOMAR LA MEDICINA

Antes de que pasemos a la tercera parte y la mierda más complicada, hay un componente más sobre arreglar tu desmadre cuya importancia no puede ser ignorada: **la fuerza de voluntad.**

Me temo que esto está de tu lado.

Te puedo dar los trucos y consejos motivacionales para manejar tu tiempo. Puedo simplificar los pasos y puedo ponerle una encantadora dosis de obscenidad al género de autoayuda para alegrarte el espíritu. Pero no puedo habitar tu cerebro ni tu cuerpo y *lograr* que sigas mis consejos. Si pudiera hacerlo, ya tendría un *reality* y una línea de labiales.

Solo tú puedes arreglar tu desmadre, establecer tus objetivos y salir a ganar en la vida, tu vida, lo que sea que eso involucre. Para mantenerte comprometido con esos objetivos, vas a necesitar un poco de fuerza de voluntad.

¡Pero es solo un poco de fuerza de voluntad a la vez! La suficiente para enfocarte y completar esas pequeñas y manejables partes de tu plan. Y puedes generar la fuerza de voluntad de diferentes maneras, dependiendo de lo que funcione para ti.

EL ARTE DE LA ~~GUERRA~~ FUERZA DE VOLUNTAD

QUÉ ES LO QUE TE MOTIVA	UTILIZA ESTA ESTRATEGIA
El dinero →	El Rico McPato *Visualízate regocijándote en la cama con todo ese botín que estás ahorrando / no gastando.*
La vanidad →	La Foto Final *Colgar en el refrigerador una foto de una versión más delgada de ti no es la peor forma de acallar al mago del control de los impulsos.*
La adulación →	El Impulso del Ego *Las personas que ganan en la vida a menudo son admiradas por sus pares. Si eso te atrae, úsalo como combustible.*

Enojarte	→	El Poder del Pensamiento Negativo
		Gracias por encender el fuego y mantenerlo ardiendo.
La responsabilidad	→	El «¿Quién Te Crió?»
		Date un zape, justo como tu mamá solía hacerlo.[11]

Cada una de estas estrategias es útil en diferentes momentos y bajo diferentes circunstancias, pero esa última realmente ayuda cuando te encuentras en un callejón sin salida.

Resulta que **la responsabilidad puede ser muy motivadora.**

Ahora, algunas personas pueden relacionar la responsabilidad con la «vergüenza» o «preocuparse por lo que las otras personas piensen», pero yo sostengo que hay algunos (por no decir 50) sombras de gris en medio. **A mí me importa una mierda lo que piensen las otras personas sobre mis elecciones en la vida** —en el sentido de que no me molesta si alguien desaprueba mis acciones, siempre y cuando yo sepa que estoy actuando por mis propios intereses—.

No tengo por qué avergonzarme de eso, ni tú tampoco.

Pero ¿y si no me estoy *dando cuenta* que mis acciones me están lastimando? ¿Qué pasaría si estuviera tambaleándome a ciegas a través de mi vida —atrapada en un mal trabajo, una mala relación o un corte de pelo que no me favorece— y yo no lo supiera? ¿Qué pasaría si alguien me lo señalara y me diera una dosis

---

[11] Estoy utilizando «mamá» como término genérico para la persona que te crió. Si creciste con un padre soltero, un hermano mayor, un abuelo o un mapache muy sensible, por favor, adáptalo en consecuencia.

de amor severo, con todo y coscorrón, para ayudarme a cambiar las cosas?

UNA NALGADA EMOCIONAL

Excepto por los sumisos sexuales, a nadie le gusta que le digan qué hacer. Pero salirte de tu burbuja mental de forma periódica para verte a ti mismo a través de los ojos de otra persona puede ser una forma no tan agresiva de entender las cosas de forma realista. «¿Quién te crió?» es mi segunda frase favorita para pensar/murmurar cuando me encuentro con alguien que está tomando malas elecciones. Y aunque lo digo de forma sarcástica —como decir que debido a su falta de autocontrol/higiene/modales seguramente fueron criados por un par de mapaches bandidos— en realidad es una buena pregunta para hacerse, sobre todo si últimamente no has tenido mucha suerte en el tema de la responsabilidad *contigo mismo*.

Si tienes problemas para juntar o mantener la fuerza de voluntad —sobre todo con los desmadres más difíciles— tal vez estés buscando de forma inconsciente que alguien más lo haga por ti. Practicar el «Quién te crió» te ayuda a reconocer los comportamientos que ocasionarían que tu mamá (o tu dominatriz) te dijera: «Por el amor de Dios, arregla tu desmadre».

«¿Quién te crió?» funciona así:

Si te preguntas: *¿Por qué un ligue no puede pasar una noche conmigo, deja tú desarrollar una relación significativa?*

Cuestiónate: *¿Mi madre aprobaría ese nido de calzoncillos sucios que construí en mi cama en vez de lavarlos? Si no, ¿por qué alguien más lo haría?*

Si te preguntas: *¿Por qué ascienden a todos menos a mí?*

Cuestiónate: *¿Qué diría mi mamá si supiera que paso la mitad del día en grupos de discusión en línea sobre* El reto cuatro elementos *en vez de hacer mi trabajo?*

Si te preguntas: *¿Por qué no puedo pagar las cosas bonitas?*

Cuestiónate: *¿Mi mamá estaría orgullosa de saber que cada mes la mayoría de mi cheque lo gasto casi exclusivamente en marihuana y gotitas para los ojos?*

Sí, una nalgada emocional puede ser la solución. O una real, si eso te funciona. Tú se tú, Teo. (Sigo sin juzgarte).

DESMADROTES:
ENVEJECER. SALIR
ADELANTE, PONERTE EN
FORMA Y MEJORAR TU
VIDA EN GENERAL

No vamos nada mal, ¿cierto? Estamos haciendo excelentes progresos. A estas alturas ya eres una pistola de las listas de tareas imprescindibles, tu bandeja de entrada está al tiro, y tal vez hasta tengas 2 000 pesos extras en tu cuenta de banco que ansías gastar. Aprendiste sobre el valor de priorizar, el día laboral se ve más manejable y finalmente sabes cuánto tiempo te toma bañarte y depilarte.

¡Felicidades! Estás bien entrada en el camino de ganar en la vida (y sin ser un cretino insufrible, debo agregar).

Si eres un Teodoro, «No sé por dónde comenzar» ya no debería estar en tu vocabulario, ni tampoco «Hay demasiadas cosas en mi lista». Ahora nos moveremos a lo que creo que es el territorio de Alvin —cosas que requieren mayor tiempo de atención o un compromiso prolongado—. Aunque hay que decir que todas las ardillas pueden y se beneficiarán de la tercera parte, que (como es mi costumbre) está dividida en tres categorías más pequeñas y manejables:

- ✔ **Responsabilidades y relaciones:** ser un adulto y actuar como uno.
- ✔ **Trabajo y finanzas:** ¿Quieres que te asciendan? ¡No busques más! Además: delegar, disfrutar tu tiempo libre y ahorrar para el retiro.

✔ **Salud, casa y estilo de vida:** Mantenerte sano y salvo para que *logres llegar* al retiro; mantener tu casa limpia después de que la limpies; las formas en las que Discovery Home & Health te engaña y los beneficios de contratar a un profesional, y hacer tiempo para tus pasatiempos y búsquedas creativas.

Oh, lo siento, Alvin, ¿creías que estaba bromeando?
¡SORPRESA!
No lo estoy.

RESPONSABILIDADES Y RELACIONES

En esta sección exploraremos el «adulting» (adultear) —un término que no acuñé yo pero desearía haberlo hecho—. Arreglar tu desmadre no es puro correo electrónico y alcancías; también tienes que ir al doctor, renovar tu pasaporte y aprender a despachar tus molestos deberes con habilidad y vigor. Deja de pagar recargos y comienza a escribir tarjetas de agradecimiento. Y en medio de todas estas cosas, tienes que encontrar tiempo para dedicarlo a tus amigos, tu familia, las personas con las que estás teniendo sexo, o todos ellos. (Pero solo si en verdad lo quieres. Como de costumbre, no estoy aquí para decirte qué hacer —solo cómo puedes hacerlo si lo consideras importante para ser feliz). Tal vez a ti te interesa más *dejar* una relación —para siempre, no solo por el fin de semana—. En ese caso, continúa leyendo, pero yo no dejaría este libro abierto sobre la mesa de café en la página 127. Error de novato.

SOLO PARA ADULTOS

Cuando tenía 10 años intercambiaba libros de V. C. Andrews con mi primo el más grande. En ese entonces no entendía todas las «cosas de adultos» que había en ellos, pero sí aprendí un par de valiosas lecciones, como: «Nunca subestimes lo que la gente puede hacer por una herencia» y «Si lo único que comes todo el día son donas glaseadas, probablemente te enfermes».

Espero que haya algunos niños allá afuera igual de emocionados que yo por la siguiente sección. No es clasificación X (lo siento), pero es informativa y leerla ahora hará que sus vidas sean más fáciles cuando ingresen al mundo de los parquímetros y las mastografías.

La vida es un lanzamiento

Parte de ganar en la vida es lidiar con esta mierda que de repente demanda tu atención con urgencia. Un niño de tres años que se encaja un clavo oxidado en el patio de recreo generalmente tiene ahí a un maestro, un padre o una niñera para calmarlo, quitarle el polvo, aplicarle pomada antibacterial y hacer la cita de seguimiento para la vacuna del tétanos. Cuando eres un adulto y suceden estas cosas, tienes que lidiar con ellas tú sola. (Nota para ti y tu soledad: agrega Neosporin a tu lista de compras).

Pero un clavo oxidado, por más desagradable que sea cuando se introduce en tu pie, no debe poner todo el juego de la vida en peligro.

Lo sé, es odioso sentir que finalmente conquistaste tu rutina diaria —una bola rápida en la zona de strike— **y luego la vida te arroja una bola curva.** Por suerte, todo lo que has aprendido hasta ahora sobre manejar mejor tu tiempo, priorizar y controlar los impulsos te preparó para este desmadre.

Ya eres más eficiente, ¿cierto? Ya no vas tarde todo el tiempo. Tus días tienen más estructura y por lo tanto son más relajados. De hecho, estás bateando bolas rápidas en el parque de tus sueños, lo que significa que tienes más tiempo, energía y dinero para gastar para los otros lanzamientos que la vida te haga, ya sea bolas curvas, bolas rápidas o un inmundo cambio de velocidad.

Esos lanzamientos pueden incluir:

Gastos inesperados

Ya hablamos de los gastos, de entender cuánto inviertes (y en qué) para controlar tus finanzas y de reforzar tus ahorros. Pero ¿qué hay de los costos ocasionales, como la renta de un esmoquin o las multas de estacionamiento? Estos no aparecen en los cálculos diarios ni mensuales porque son poco frecuentes, pero cuando ocurren no puedes dejarlos de lado. Y solo porque no te has entrenado para pagar una multa de estacionamientos todos los días no significa que debas ser menos rápido y decisivo cuando esas tareas aparecen en tu lista de imprescindibles dos veces al año. Las personas que tienen su desmadre arreglado no pagan recargos.

La cita con el doctor

Quizás eres un raro espécimen cuya genética es perfecta y no ves la necesidad de mantenerte al día con tus exámenes físicos anuales ni el ritual sádista de ir al odontólogo, lo cual está bien. Si no está descompuesto, no lo arregles. Pero algún día un profesional de la salud te dirá que necesitas «revisarte» (o peor: «comenzar a cuidarte»), y esa cita dará vueltas por tu cabeza como una cuchilla de guillotina hasta que LA HAGAS. Sí, es molesto. Y sí, puede ser una llamada incómoda si estás en una oficina abierta, rodeado de compañeros de trabajo. Y sí, la idea de recibir un tacto por una versión de mediana edad de tu primo Steve es poco apetecible (en el mejor de los casos). Pero por el bien de tu salud —por no mencionar tu lista de tareas imprescindibles— tienes que escabullirte, hacer la llamada, estimar el tiempo que tomará e ir. Las personas que tienen su desmadre arreglado no sufren sin necesidad.

El pasaporte expirado

No pases por la casilla «Go» del Monopolio. No llegues a la frontera de Canadá sin darte cuenta de que tu pasaporte está vencido. Arregla tu desmadre.

La nota de agradecimiento

Hola. Yo soy un adulto, tú eres un adulto, actuemos como tales. Si una persona hace algo lindo por ti, agradécelo. Si hacen algo extralindo por ti, agradécelo por escrito. El buen karma que obtienes del universo por enviar una nota vale los tres minutos de tu día que toma escribirla y llevarla al correo. Pero especialmente, si estás en el extremo receptor de una andanada de regalos —boda, *baby shower*, graduación, lo que sea—, arregla tu desmadre y escribe las notas de agradecimiento antes de que empieces a utilizar tus regalos. Yo escribí todas las notas de agradecimiento de mi boda en el aeropuerto mientras esperábamos para abordar el avión hacia la luna de miel, lo que significó que cada margarita subsecuente venía libre de culpas.

El deber molesto

Para mí, esto típicamente involucra ir a la oficina de correos, que es una tarea extraña en un mundo gobernado por correos electrónicos y Jeff Bezos. Odio la oficina de correos. Nunca me ha sucedido nada bueno en la oficina de correos y, de hecho, he llorado ahí en varias ocasiones. Pero no puedes dejar que tu odio abyecto por el servicio postal te impida arreglar tu desmadre. Porque si evitas los deberes molestos demasiado tiempo, terminarás gastando 600 pesos para enviar por correo urgente la tarjeta de cumpleaños de 40 pesos de tu abuelo, y eso es estúpido. Eso es la antítesis de tener tu desmadre arreglado. De todas maneras tuviste que ir a la oficina de correos y tu indecisión te costó 600 pesos. *Por Dios, Sarah, arregla tu desmadre.*

> **Mi regalo para ti**
>
> El *New York Times* recién me informó que los supuestos beneficios obtenidos por usar hilo dental son solamente «una corazonada que nunca ha sido probada». Así que si no puedes arreglar tu desmadre y usar hilo dental todos los días, no te preocupes.

Ya sea que lo anterior haya sido una **Introducción al Adulting** o simplemente un curso de actualización, espero que lo encuentres útil. Actuar como un adulto es una parte integral de arreglar tu desmadre, y es la única forma en la que algún día vas a dejar la casa de tus padres, *mantenerte* fuera y luego convertirte en una de esas personas que no pierden ocasión para decirles a los jóvenes lo difíciles que eran las cosas «en sus tiempos». ¿Sabías que mi papá recogía moras a cinco centavos por fanega? Bueno, lo hizo. Y mi primer trabajo fue en un sitio web de comedia donde teníamos colgados en la pared un tablero de dardos y un pescado de plástico que cantaba, PERO no teníamos una fuente de sodas gratuita, así que todavía había espacio para que yo creciera en el mundo.

Y también lo hay para ti.

ENDEREZAR EL BARCO DE LAS RELACIONES

Otra parte de ser adulto es construir relaciones. Cuando eres niño pasas el tiempo con los hijos de los amigos de tus padres, o con los vecinos o con quien sea que tenga una alberca en su patio. Conforme creces y tu grupo se diversifica, comienzas a tomar decisiones más concretas sobre con quién quieres pasar tu tiempo y por qué. Para cuando llega la edad adulta te encuentras envuelto en una serie de relaciones complicadas, algunas por elección, otras... no tanto.

Ya sea con un amigo, un miembro de la familia o un enlace romántico, las relaciones caen en tres categorías:

✔ **Mantener**
✔ **Mejorar**
✔ **Disolver**

Mantener o mejorar requiere cierto esfuerzo. Por ejemplo, si te vas a encontrar con un amigo, deja tu teléfono en el bolsillo. Tuitear en vivo sobre el trago de tu acompañante es molesto para los dos. Si estás hablando por teléfono con tu abuela, no tendría por qué sonar una estación de radio de fondo. Escúchala a ella, no a Mariano Osorio.

Hacer una sola tarea a la vez demuestra que la persona te interesa.

Por supuesto, no puedes **enfocarte** ni **comprometerte** con nadie si nunca estás disponible; por eso, en primer lugar, tienes que **priorizar** ver y hablar con estas personas.

Conexiones perdidas

Ya discutimos estar «demasiado ocupada» para «hacer cualquier cosa»; esta es una excusa que se utiliza de forma constante cuando no logramos reunirnos con los amigos tan seguido como nos gustaría.

Es difícil, por ejemplo, cuando recién sales de la universidad y te alejas medio país (o planeta) de las personas sobre las que solías quedarte dormido en las fiestas. Estás por empezar una nueva vida y de pronto tienes que preocuparte por cosas como «el trabajo» y «la renta», y no tienes ni el tiempo libre ni el crédito en la tarjeta para hacer una excursión a Norman, Oklahoma, para visitar a tu antigua compañera de cuarto que, inexplicablemente, decidió hacer un posgrado ahí. Tienen Facebook, por lo que pueden espiarse la una a la otra de forma abierta o encubierta (además de al tipo que casi se interpuso entre ustedes durante el segundo año), y todavía se mensajean bastante, pero no es lo *mismo*.

Por desgracia, las cosas no se ponen más fáciles conforme avanzas más allá de los 20 años. Tienes que hacer nuevos amigos, en una nueva ciudad, y en un nuevo trabajo, y además encontrarles espacio. Igualmente, si tienes pareja, su gente comienza a invadir tus noches y fines de semana como *groupies* de los Jonas Brothers (sobre todo Nick, seamos realistas). Puede que te caigan bien muchas de estas personas, pero no necesariamente se llevan bien con tus otros amigos, y luego tú y tu ser amado tienen que tomar decisiones complicadas, como a cuál fiesta ir primero el sábado por la noche y a cuál después: o sea, decidir quién hace mejores fiestas. Las relaciones son difíciles.

Después de 10 años de esto, tal vez en distintas ciudades y después de varias parejas, coleccionaste algunas docenas de amigos (al menos 200 en Facebook) y ahora todos se van a casar el mismo fin de semana. Maldita seaaa.

Corte a 10 años después, y la mayoría de tus amigos tienen hijos —tal vez tú también— y, de alguna manera, reunirse para cenar con personas que viven en la misma ciudad involucra una estrategia digna de la mejor *stalker*. De manera lenta, pero segura, dejan de estar en contacto. ¿Cómo decías que se apellidaba tu compañera de cuarto? ¿Miller?

O tal vez el «dejar de estar en contacto» sucede cuando se vacía el nido y te das cuenta de que eran los juegos de futbol de tus hijos —y las comuniones y las graduaciones y las bodas— lo que te *mantenía* en contacto con los amigos. Ahora atraviesas tierras desconocidas con un destartalado ejemplar de la revista *AARP* como única guía.

Es perfectamente natural que algunas amistades mueran en el camino en cualquier etapa de la vida. **El reto es mantener (o mejorar) las que en realidad son importantes para ti.** Las que valen la pena la distancia, las complicaciones de horarios y el nuevo tipo de fiestas que comienzan a mediodía y terminan a las 3:00 p. m., con el hijo de *tus* amigos dormido sobre *ti*.

El primer paso es ser honesto contigo mismo sobre si esta amistad vale la pena. Si no, te refiero a un libro completamente distinto.[1] Pero si decides que sí, entonces puedes establecer el objetivo de mantenerla y mejorarla, y diseñar una estrategia para lograrlo.

---

[1] http://www.lifechangingmagicofnotgaf.com/.

Por ejemplo, cuando tengo que escribir con una fecha límite muy estricta, mis prioridades cambian de «pasar el tiempo con amigos» a «terminar el trabajo». Me convierto en una especie de ermitaña, lo cual está bien en pequeñas dosis, pero no quiero que se me vaya de las manos, porque así es como los amigos valiosos desaparecen de tu vida. Es como las parejas de famosos que siempre están terminando sus relaciones porque la distancia entre sus elegantes sets de filmación es demasiada para que el amor verdadero (y aparentemente los aviones privados) la puedan superar.

Así pues, mi **estrategia** es hacer una lista temporal —sorprendente, lo sé— de toda la linda gente que he dejado de ver desde que comencé a escribir *Arregla tu desmadre*. Es la entrada de «Personas que quiero ver» en mi aplicación de AnyList, debajo de «Cosas de las que probablemente te deberías de deshacer» y «Artículos del baño para el siguiente viaje».

No hago esto porque de otra manera olvidaría los nombres de mis amigos, sino como un recordatorio visual de que no solo *quiero* verlos, sino que *necesito* hacerles tiempo (es decir, enfocarme) tan pronto salga del modo *deadline*. Y luego me comprometo a mandar un correo intermedio: «Hola, solo quería que supieras que estoy pensando en ti y que espero con ansias poder tomarnos unos tragos cuando salga a respirar».

¿A quién no le gusta recibir un agradable correo porque están pensando en ella? Una nota de una sola línea puede darle la vuelta a la sensación de «Tal vez esta persona no valora mi amistad».

Una línea. Toma muy poco enfoque y compromiso redactar un correo electrónico de una línea.

Entonces, ¿la amistad vale la pena o no?

Alto mantenimiento es bajo mantenimiento

Con la familia las cosas pueden ser un poco más complicadas. Solo una pizca. Una partícula. Una nada.

Tal vez tienes un hermano o un padre con el que no te sientes (o no te quieres sentir) muy cercano, pero por alguna razón sí te importa mantener la relación. No puedes vivir con ellos, pero tampoco sin ellos: lo entiendo por completo. Bueno, supuestamente le das mantenimiento a otras madres todo el tiempo, ¿cierto? Como lavarte los dientes, tomar la medicina para la alergia o rasurar tus piernas. Estas tareas no toman mucho y contribuyen con los objetivos generales de mantenerte fresco y con olor a menta, sin estornudos y suave como la seda.

En tales casos, podrías pensar en la relación con tu familia como piensas en la relación con tus vellos de las piernas. No quieres que las cosas se pongan espinosas, así es que uno que otro día te pasas el rastrillo por 10 minutos (un correo ligero o una llamada rápida), o una vez al mes visitas a una rígida señora polaca que pasa media hora arrancándote los vellos desde los folículos (Skype).

¡OJALÁ ESTUVIERAS AQUÍ!

Las postales son el vehículo perfecto para darles mantenimiento a tus relaciones a distancia. Estás de vacaciones —lo que significa que estás en el mejor lugar posible para lidiar con tu familia, es decir: muy lejos de ellos; relajada y feliz, y sin muchas cosas por hacer— y escribir algo corto limitado a dos párrafos de texto es una forma muy fácil de mostrar que estás pensando ellos. Y también es barato. Yo digo que arregles tu desmadre y vayas a la tienda de regalos.

Luego hay algunos miembros de la familia que simplemente no conoces muy bien, como los primos lejanos o los niños pequeños. Tal vez te importe un carajo ir a una boda en Córdoba (aunque has oído que es muy bonito) o soportar una producción de bachillerato de la obra *Vaselina*, pero de cualquier manera sientes que debes mostrar que te importa.

Es momento de crear una estrategia, enfocarte y comprometerte.

¿Quieres honrar las nupcias de tu prima Deborah? Decide tu presupuesto, tómate 10 minutos para meterte a su lista de regalos en línea y deja que tu Amex hable por ti. Si Debbie no tiene una mesa de regalos (o tú no tienes una computadora), nada dice «Felicidades» como una tarjeta de regalo de Best Buy.

¿Quieres que tu sobrino se sienta feliz? Mandarle un mensaje de texto de «¡Pásala chido!» (o incluso un Snapchat, si sabes lo que es) mostrará que estabas pensando en él —y ambos toman menos tiempo y energía que mantenerte serio mientras ves a una horda de pubertos desafinados cantar «Noches de verano».

Relevo de parejas

Una cosa que no abordé en *La magia de mandarlo todo a la mierda* fueron las relaciones románticas, y esta omisión se vuelve más evidente cada que recibo un mensaje de Facebook de alguna lectora preguntándome cómo le hace para que le valgan madre las cosas estúpidas que hace su marido.[2] Tal vez tengo que escribir *La magia de mandarlo todo a la mierda para recién casados o parejas que viven en pecado*, pero por ahora te tendrás

---

[2] Texto real de un mensaje reciente: «¡¿Cómo le hago para que me valgan madre las cosas estúpidas que hace mi marido?!»

que conformar con arreglar tu desmadre y hacer que funcione, **en dado caso de que quieras mantener o mejorar tu relación de pareja.**

¿Sabías que Alvin y las ardillas tienen novias? Las Arditas. Frustrantemente heteronormativo, lo sé, pero útil para seguir sacándole jugo a esta metáfora.

Como cualquier pareja romántica, Alvin y Brittany; Simón y Jeanette, y Teodoro y Eleanor tienen sus altibajos. Todo es bastante soso —al final de todo son ardillas animadas— pero a veces son superdulces, y otras buscan cómo partirse la madre en un concurso mundial de globos aerostáticos.

Aprovechar tu versión competitiva es útil para cosas obvias como ganar una carrera de globos aerostáticos, pero puede mejorar tu vida amorosa también. Es verdad, y hablo por experiencia. (Esto no significa que alguna vez competiría en algún deporte real con mi esposo; si nos reclutaran para jugar, no sé, voleibol playero de parejas, tendríamos que reparar nuestro matrimonio, además de mi esguince de tobillo, por mucho tiempo después de haber ocasionado que perdiéramos por ser ridículamente descoordinada).

Pero encontré una forma diferente de ser competitiva —en una relación— que es divertida y gratificante. **Se trata de ser la mejor pareja que puedas ser, de acá para allá, a perpetuidad.** Como un relevo de parejas. ¿Quién puede ser más lindo, más servicial y más amoroso cualquier día? ¿Quién puede encontrar el regalo perfecto o la sorpresa perfecta? En una competencia como esta, ¡todos ganan! Y no es ese tipo de «todos ganan» en que las maestras del kínder te repartían listones azules por no hacerte popó en los calzones por dos días seguidos.

Algunos días son mejores que otros. No siempre soy la mejor versión de mí misma, ni tampoco él, pero el hecho de que tengamos esta rivalidad continua que involucra hacer cosas lindas por el otro nos da ventaja cuando las cosas se ponen complicadas. **Es difícil mantenerse enojado con la persona que te da masaje en los pies de forma espontánea dos veces a la semana.**

(Por cierto, el concepto general hace maravillas incluso si eres la única persona que lo pone en práctica. Aunque te tocan menos masajes de pies).

Ya sea que estés en la etapa de enamoramiento o en los años dorados, inyectarle una competencia sana a tu relación es, digamos, saludable. **Y afecta otros aspectos de tu vida.** De pronto, sacar la basura será un favor que le estés haciendo a tu pareja, no un molesto deber. ¿Acaso no es una forma más linda de verlo? Y la nota que puso en tu almuerzo te dejó con una sonrisa en la cara durante un horrible día de trabajo. (Sí, tu jefe debería chupar un huevo, pero no de los que se utilizaron para ese sándwich).

Si tu objetivo es la felicidad y la armonía, solo mantén a la vista todo el tiempo tus llaves, tu teléfono y tu cartera.

Crea una estrategia: Inventa nuevas formas para hacer sentir bien a tu persona especial. Algunas pueden ser extravagantes —si tienes energía— pero la mayoría pueden y deben ser tan simples como tener siempre en el congelador un bote de emergencia de helado de Bourbon Brown Butter de Ben & Jerry's. O solo una botella de bourbon. Haz una lista y utilízala como referencia cuando la necesites.

Enfócate: Pequeñas dosis de bondad diarias son mejores que un regalo grande de «Oh, mierda, te he estado ignorando». (Aunque estos tienen su encanto también. Ve arriba: «Algunas pueden ser extravagantes».

Comprométete: Di las palabras, haz las buenas obras y, en caso de duda, no escatimes en abrazos.

Las relaciones requieren tiempo y energía para prosperar —esto no es un paquete de *sea monkeys* que estás criando en un bote de mayonesa—. Pero si dedicas más de ese tiempo y energía a hacer cosas lindas por el otro, desperdiciarás menos en excusas sin importancia y competencias de mal humor. No te dan trofeos por esa mierda.

Crea una estrategia, enfócate, (des)comprométete

Como lo he demostrado una y otra vez, que te valga madre va de la mano con eliminar un buen número de personas de tu vida. Definitivamente es posible disolver una relación de forma pasiva dejando morir la interacción —sin necesidad de insultos ni desheredar a nadie—.

Disolver una relación de forma *activa* es otra cuestión, aunque aquí tampoco tienes que recurrir a los insultos. A lo que sí puedes recurrir —o, mejor aún, abrazar con el entusiasmo de mil concursantes de *Bachelor* sueltas en la joyería Tiffany's— es a **arreglar tu desmadre para salir de las relaciones tóxicas o no deseadas.**

Hay un millón siete razones por las que una relación —ya sea romántica, platónica o familiar— puede deteriorarse.

La distancia, una traición o simplemente incompatibilidad crónica. El querer cosas que la otra persona no puede o no quiere dar. Uno de ustedes apoya a Trump y el otro no es fanático de los locos narcisistas que le dan el visto bueno —con sus diminutas manos— a la perspectiva de una guerra nuclear. Estas cosas suceden.

Si te suceden a ti, lamento que sea así. Pero todo estará bien.

Si la relación es con alguien con quien pensabas que ibas a pasar el resto de tu vida (o al menos todas las Navidades), puede ser bastante difícil establecer el objetivo de disolverla. Conseguirlo puede ser complicado también, pero **hay formas de mitigar los niveles de dificultad y hacer las cosas más fáciles para ti.** Es decir, en definitiva te va a doler cuando te pongan el DIU, pero tomarte antes cuatro pastillas de Advil y arreglar todo para tomarte el resto del día libre del trabajo son cosas que ayudarán. Solo tienes que pensar por adelantado o, mmm... ¿cuáles son las palabras?

¡Crear una estrategia!

¿Qué implica dejar una relación? ¿Después de la primera conversación complicada, qué tanta logística necesitarás para no tener que lidiar con esta persona otra vez o para arreglar la custodia compartida de tus hijos o gatos? ¿Tendrás que empacar tus cosas e irte, o simplemente ya no tendrás que ir a ningún lado, por ejemplo, a casa de sus papás para las fiestas?

Mi intención no es tratar la disolución de una relación de toda una vida —o incluso de una relación de cinco años— como una especie de molestia sin sentido. Eso no es justo ni para ti ni para tu tío republicano. Pero haciendo uso de mi mejor versión de Scarlet O'Hara, declaro que **sin importar la complejidad de la situación, siempre puede ser partida en tareas más pequeñas y manejables.**

Después establece un periodo y enfócate en cada tarea conforme vaya llegando. Luego, comprométete.

O descomprométete, según sea el caso.

No tengo que tener un bebé porque sea lo socialmente aceptado

Ah, y aquí va una idea novedosa: ¿Qué tal si no te comprometes del todo (con una relación romántica)? ¡Eso también está bien! Puedes estar de pocamadre tú sola, sin importar la vieja carga de «deberías» que buscan insertarte tu familia, tus amigos y la sociedad en general. Ser soltera está bien. Salir con gente está bien. INCLUSO LOS PUEDES ALTERNAR. Y ya que estoy en esto, aquí hay una lista de otras cosas que no tienes que hacer solo porque las otras personas creen que *deberías*:

- ✔ Ser heterosexual.
- ✔ Confirmar tu género.
- ✔ Casarte.
- ✔ Poner toallas con monogramas en tu lista de regalos.
- ✔ Tener 2.5 hijos.
- ✔ Ser dueño de una casa.
- ✔ Deshacerte de tu correo de Hotmail.

Sí debes, sin embargo, aceptar mis consejos. Todos ellos. Sin excepción.

TRABAJO Y FINANZAS

Como ya lo sabes, una gran parte de arreglar mi desmadre en los últimos años fue renunciar a mi trabajo para trabajar por mi cuenta. Pero TÚ puedes ser tan feliz como una lombriz en tu chamba actual —tan feliz, de hecho, que solo quieres un aumento, un ascenso, no cambiarlo todo por una bolsa de coco y una araña como mascota—. Eso es genial y yo te apoyo. (Más cocos para mí). Esta sección no solo es sobre mantener, sino *mejorar* tu vida laboral —desde subir tu puesto en la jerarquía hasta aprender cómo disfrutar una vacación bien merecida—. La primera parada de ese tren: ¡Estación Delego! Te mostraré cómo el dinero por el que trabajas con tanto esfuerzo ahora puede servirte mejor a largo plazo, porque el interés compuesto te vuelve millonetas. O al menos hace que no tengas que seguir persiguiendo la chuleta cada mes cuando cumplas 80, un objetivo con el que la mayoría de la gente se puede sentir identificada.

HABILIDADES INCLUIDAS

Sin importar cuál sea tu trabajo —una carrera tradicional o algo inusual y fabuloso— siempre habrá gente que tengas que impresionar para llegar a la cima. ¿Y qué es más impresionante que tener tu desmadre arreglado? Olvida los «Conocimientos básicos en Photoshop» y las «conversaciones básicas en francés» de tu currículum. Yo contrataría a esas personas.

En la "Parte II: Teodoro y sus detalles" cubrimos muchas de las técnicas de autogestión con respecto a tu vida laboral (tiempo, listas de tareas pendientes, fantasías de venganza). Y, por supuesto, llegar a tiempo y alcanzar las fechas límite son cosas útiles sin importar lo que suceda. Pero si estás buscando que te suban el sueldo o te asciendan; ganar a un cliente grande, obtener la beca MacArthur o lo que sea, llegaste al lugar correcto. Tengo experiencia importante en algunas de estas áreas, si no es que en todas.[3]

---

[3] Algun día, Fundación MacArthur. Algún día.

Sé una persona con(fiada)

Mostrar confianza —incluso si te estás muriendo de miedo por dentro— es una excelente forma de ganarte la confianza y el respeto de tu jefe o de tus clientes y avanzar. Más adelante en el libro hablaremos sobre cómo combatir la ansiedad y otros estados mentales autodestructivos que pueden hacer tambalear tu confianza, pero por ahora solo trabajaremos en las *apariencias*.

Por dentro puedes ser Verbal Kint, pero por fuera **tienes que ser Keyser Söze.**

Lo sé, esto no es algo natural para los Teodoros. Es complicado sentirse (o mostrarse) confiada cuando crees que todo el tiempo el mundo se cae a pedazos alrededor de ti. Espero que los consejos que te di hasta ahora ayuden a aliviar ese sentimiento y te liberen para que estés tranquila y serena. Escuché que son cosas que están en boga esta temporada.

Los Alvin ya son bastante buenos en el juego de la confianza. Tienen mucha energía, por lo que desvían la atención y parece que lo tienen todo bajo control mientras logran que combine la alfombra con las cortinas. Si eres un Alvin, estás más cerca de lo que crees de esas tarjetas de presentación que dicen «subdirector».

Los Simones pueden ser en realidad confiados (como los Alvin), o no (como los Teodoro); en cualquier caso, por lo regular son lo suficientemente funcionales como para ganarse la confianza —pero a veces también el abuso— de los clientes y los de arriba. Si eres miembro de la Hermandad del Cuello de Tortuga Azul, avanzar en tu carrera puede ser más sobre utilizar tu tiempo y energía de forma estratégica para evitar desviarte con la *cantidad* de tareas y darle prioridad a la *calidad* del trabajo.

De cualquier manera, en caso de necesidad, puedes comenzar a **proyectar confianza** al dominar algunas frases claves como:

- ✔ No hay problema.
- ✔ Yo te cubro.
- ✔ ¡Estoy en eso!

Y graduarte con:

- ✔ No me apodan el resuelvetodo por nada.

También puedes jugar a **disfrazarte de una persona confiada.** Observa a tus compañeros de trabajo. ¿Quién parece que tiene su desmadre arreglado? ¿Qué te hace pensar eso? ¿Tal vez sea su actitud alegre, sus manos firmes o el hecho de que su camisa no está salpicada con la salsa del burrito de 20 pesos que comió ayer? Todo lo que digo es que un exagerado número de personas gastan tiempo y dinero para disfrazarse de una versión sexy de Walter White y Jesse cada Halloween; quiero creer que esta clase de esfuerzos podrían ocuparse en obtener resultados con más beneficios.

Pide y recibirás

Un montón de gurús y entrenadores de vida y personas con opiniones te dirán que «tienes que pedir lo que quieres». Eso está bien, pero también creo que deberías **preguntar lo que tienes que hacer para conseguir lo que quieres.** Quiero decir, *preguntarle literalmente* a tu jefe o a tus clientes. «¿Qué tengo que hacer para que me des lo que quiero?»

¡Quítale lo misterioso a este desmadre!

He visto a demasiadas personas languidecer en sus carreras, esperando que alguien de más arriba les dé una pista para saber qué se necesita para abrir esa oficina con vista panorámica. Y he visto a demasiados gerentes y CEO no mostrar nada de atención a las necesidades o los deseos de sus subordinados hasta que absolutamente tienen que hacerlo, por lo general cuando dichos subordinados anuncian que van a renunciar.

Los aumentos y los ascensos se pueden abordar como cualquier otro objetivo, excepto que —CONSEJO ADICIONAL— en este caso puedes pedirle a tu jefe o a tus clientes que te den una estrategia clara (por ejemplo, «Consigue 50 nuevas cuentas este año» o «Guía a alguien y muéstrame que puedes ser un buen gerente»), y *tú* seguirte directo con el enfoque y el compromiso.

LISTO: Acabas de eliminar al intermediario. ¡Esas son habilidades de un subdirector!

Sin mencionar que esta táctica tiene el beneficio añadido de subrayar cuando no *haya* cabida para un ascenso o ganar más. Si haces una pregunta así y tu jefe se atraganta, tartamudea y te esquiva, bueno, eso te dice algo. En ocasiones las personas languidecen no porque no sean *capaces* de avanzar, sino porque no *hay* más camino adelante y simplemente no lo saben. ¿Por qué? Porque no lo han preguntado.

Si tu jefe te dice que no hay nada que puedas hacer o simplemente no te dice nada, entonces velo de esta forma: acabas de dar un gran paso para buscar un trabajo en donde sí *puedas* avanzar.

> **Cinco formas más en las que puedes demostrarle a tu jefe que tienes tu desmadre arreglado**
>
> - Siguiendo sus instrucciones
> - Reconociendo tus errores
> - Siendo proactiva
> - Dejando este libro en tu escritorio
> - No siendo insufrible

Por fortuna, tienes tu desmadre arreglado (ya agregaste ese elemento a tu currículum), así que conseguir uno no debería ser un problema.

TE ENSEÑARÉ MI «FUERA DE LA OFICINA» SI ME ENSEÑAS EL TUYO

Una vez que hayas conseguido tu ascenso y trabajado hasta el cansancio para probar que lo merecías, te toca tomarte unas bien ganadas vacaciones. En la segunda parte ahorramos para eso. Ahora tienes que asegurarte de que puedas salir por la puerta para disfrutarlas, lo que a menudo significa abarrotar una semana extra de trabajo en los cinco días antes de partir. ¡Apúntalo!

En esta situación, considera **la anticipación vs. la realidad,** y actúa en consecuencia.

Con eso me refiero a que la *anticipación* de atrasarte en el trabajo —y todos esos «y si» e incertidumbres que acompañan ese territorio— es suficiente para mandar a la mayoría de las personas a la habitación de pánico. A mí me solía asustar mucho dejar todo listo para salir de vacaciones —no solo por el hecho de resolver por anticipado una semana adicional de trabajo, sino por lo que las otras personas pudieran requerir de mí mientras yo no estaba— y, en consecuencia, me preparaba en exceso. Además, de cualquier forma, desde las vacaciones revisaba mi maldito correo todo el tiempo, dejando sin sentido el propósito de haberme preocupado tanto por las cosas que pudieran o no pasar.

Todo este galimatías era **una clase magistral tanto de ansiedad como en ineficiencia.**

Sin embargo, en realidad, regresar a la oficina después de siete días a bordo de un crucero todo incluido por el Mediterráneo es lo que es. Te quedas un par de horas más un par de noches, te abres paso entre cientos de correos (75 de los cuales puedes borrar o archivar inmediatamente, por cierto) y te vas a tu casa para acabar con esa botella de *ouzo* que compraste en el *duty-free.*

El primer día de regreso es horrible, pero estás relajada y bronceada. Si eres un Alvin, todavía estás borracha. Sobrevivirás.

Me tomó hasta febrero de 2014 —14 años de mi vida laboral adulta— poder irme de viaje por más de un fin de semana sin revisar mi correo electrónico del trabajo. (Antes de que todos tuviéramos BlackBerrys, durante mi luna de miel checaba el correo del trabajo en el centro de negocios del hotel. ¿Te acuerdas de ellos?). Por coincidencia, mis primeras vacaciones libres de correo también fueron mi primer viaje a la ciudad de República Dominicana que ahora llamo hogar; parece ser que mantener mi cabeza alejada del trabajo dejó espacio para que echara raíces ese objetivo de «vivir el sueño». Y me puse al corriente con los 300 correos electrónicos mientras esperaba un taxi que me llevara del aeropuerto JFK a casa. Ese aeropuerto tiene filas notoriamente largas, pero de cualquier manera.

Mi punto es que prepararse en exceso para las vacaciones va de la mano con trabajar durante las vacaciones, y tienes que darle una patada en el trasero a esa madre para que puedas disfrutar el tiempo libre por el que escatimaste y ahorraste de manera tan escrupulosa. Por no mencionar que las personas que revisan su correo electrónico del trabajo durante las vacaciones son 87% más propensas a tirar sus teléfonos en un cuerpo de agua, lo que agrega más cosas a la lista de tareas pendientes a su regreso.[4]

Hazle como Elsa y sé libre

Si eres como yo (o más bien como la antigua yo), te preparas para las vacaciones una semana antes del viaje y dejas adelantado

---

[4] Inventé eso, pero suena creíble, ¿cierto?

todo tu trabajo, además del trabajo de la semana en la que no estarás, y después husmeas para comenzar tareas que ni siquiera están en el radar de nadie todavía, solo *por si acaso* llegaran a surgir antes de que regreses. Eso último lleva el «ser responsable» al nivel de lo que están hechas las úlceras sangrantes.

Escucha a la nueva yo: **tu trabajo es arreglar tu desmadre, no preocuparte por el de todos los demás.**

Soltar las cosas que no puedes controlar es una parte enorme del proceso de despeje mental. Y definitivamente no puedes controlar si alguien decide hacer cierta parte de *su* trabajo durante tus vacaciones y descubre que te necesita.

¿Debes dejar todas tus responsabilidades desatendidas mientras te tragas un puñado de peyote y convives con un saguaro gigante en Big Willy's Dude Ranch? Por supuesto que no. Pero tampoco tienes que prever un montón de cosas que podrían nunca necesitarse. Empaca ese impulso en una linda caja de cartón y déjalo en la calle con un letrero que diga: MIERDA GRATIS. Alguien más se lo llevará. Al igual que alguien más en tu oficina va a tener que intervenir si es necesario.

O, más probablemente, esperarán a que vuelvas. En ese caso, tendrás que **lidiar solo con la *realidad*** de regresar de las vacaciones —**en lugar de agregarle anticipación** a tu lista de tareas incluso antes de que te vayas—.

Vienen cosas buenas para aquellos que delegan

Si que te valga madres significa que ya no te importen o no hagas ciertas cosas, arreglar tu desmadre se trata de que **lo que sí *tengas* hacer sea más fácil y menos estresante.**

Apunta: Delegar.

Porque incluso mejor que decidir no preocuparte por las cosas que no puedes controlar es hacer que otras personas se preocupen por ellas en vez de ti, ¿cierto?

Delegar toma muchas formas, incluyendo:

Si tienes un asistente, puedes asignarle una tarea porque su trabajo es asistirte, ¿no? Fácil.[5]

Puedes pedirle ayuda a algún compañero de trabajo y ofrecerle que tú lo cubrirás cuando él lo necesite. Un poco de «hoy por ti y mañana por mí» siempre funciona.

También puedes tomarle la palabra a alguien que se *ofrezca* a ayudarte. Si tienes sobrecarga de trabajo (ya sea antes de las vacaciones o cualquier día) y alguien —tu asistente, tu amigo, el tipo de UPS— lo nota y se ofrece a quitarte un peso de encima, por el amor de Dios, di que sí. Y luego di gracias.

Por fin puedes dejar el rol protagónico en tu versión individual de *Oliver Twist*. Eso de «Por favor, señor, quiero un poco más» se está volviendo extremadamente agotador, ¿cierto? Si estás en una junta en la que se asignan tareas extras, te recomiendo hacerle como cuando el dentista te ofrece paletas sin azúcar: no levantes la mano. Recuerdo claramente la última vez que me ofrecí para hacer trabajo extra en mi último trabajo corporativo, esto me condujo

---

[5] Y, por cierto, si mantener tu casa limpia involucra recoger juguetes, puedes asignarle al cuidador de tu hijo que les enseñe a hacerlo por sí solos, eso te ahorrará 20 minutos y cinco sentadillas. ¡Delegar como un momento de aprendizaje!

a uno de los mayores fracasos/consumos de tiempo de mi vida profesional. **Las paletas sin azúcar no lo valen.**

Honestamente, no sé por qué pedir más tareas nos hace sentir virtuosos a tantos de nosotros. ¡Deja de pedir **tareas extra**! Permite que las personas que no han leído ninguno de mis libros lo hagan en vez de ti.

Esa es una buena forma de delegar.

PERO ¿Y QUÉ PASA SI NO SE HACE SEGÚN MIS ESTÁNDARES?

Simón, Simón, Simón. Hablaremos sobre el perfeccionismo en la cuarta parte, lo prometo. Parte de delegar es no preocuparse por *cómo* se hacen las cosas —sino porque se hagan, y que no las hagas tú—. Hacerte la vida más fácil, ¿recuerdas? Lo peor que puede pasar es que la persona a quien lo delegaste haga un mal trabajo, alguno de ustedes lo tenga que resolver y continúen con su vida.

Si estás intercambiando millones de dólares con un corporativo trasnacional, probablemente no le deberías haber dado a Derek de mantenimiento tus contraseñas ni la instrucción de «solo presionar la tecla Enter varias veces al día y todo va a estar bien», pero tendrás mucho tiempo para mejorar tus habilidades para delegar durante tu sentencia de cuatro años por fraude. Después de todo, hacer que alguien se encargue de tus asuntos en la cárcel es prácticamente un deporte televisado.

Nadie morirá en el intento

Cuando se trata de proteger tu tiempo libre —o tu tiempo en general— tienes que **establecer límites y hacer que se cumplan.** Una vez que hayas preparado, delegado e intercambiado tu cubículo por una cabaña, quieres librar tu mente de las malditas preocupaciones laborales para que puedas disfrutar tu tiempo libre al máximo. La mejor forma de hacer esto es **desconectarte por completo de tu vida laboral.** No solo debes resistir la tentación de revisar tu correo electrónico o llamar, ni siquiera debes dejar esa posibilidad abierta en tu respuesta automática de estoy fuera de la oficina.

Esto no es desconectarse:

«Por ahora me estoy tomando mis seis valiosos días de vacaciones al año, pero reviso mi correo electrónico de forma periódica y si tu asunto es urgente, por favor contacta a Jim, quien me encontrará mientras hago *rafting* en aguas bravas y conseguirá una respuesta dos días hábiles antes de lo que hubiera sucedido de lo contrario».

Lo correcto es:

«Por ahora estoy de vacaciones, responderé a tu mensaje cuando regrese».

A menos que seas un cirujano, nadie morirá porque estuviste fuera de órbita por seis días. E imagino que si eres un cirujano probablemente no planeaste tus vacaciones durante el trasplante de pulmón de alguien, así que adelante y desconéctate. Te lo ganaste.

CÓMO ADMINISTRAR TUS CUENTAS DE AHORRO PARA EL RETIRO

¿Todo este hablar sobre las vacaciones te hizo pensar en las vacaciones *permanentes*? (El retiro. Me refiero al retiro. No a la muerte). ¡Entonces es tu día de suerte, porque tengo mucho que decir sobre el retiro!

En realidad no, no tengo. Para ser completamente honesta, no hay nada nuevo que decir sobre ahorrar para el retiro.

Me sorprende de forma genuina cuántas personas no pueden arreglar su desmadre en este punto, dados los excelentes consejos que hay disponibles sobre el tema. ¿Cuál es su problema, muchachos?

Ya demostré (una y otra vez) lo fácil que puede ser guardar un poco de dinero cada día o cada semana para servir a un objetivo más grande —asumiendo que puedes prescindir de un poco, no creo que sea esto lo que te detiene—.

Supongo que **es el periodo de tiempo.**

De forma irónica, el retiro —aunque es probablemente la cosa más importante para la que algún día ahorrarás— es una meta grande y amorfa que se siente menos importante cuando eres joven y **bien pinche importante cuando eres grande y ya no puedes hacer nada al respecto.** Alvin (la ardilla) tiene una excusa: él no ha envejecido nada en 55 años. Los Alvin (las personas) tienen que arreglar su desmadre y comenzar a trabajar en esto. Sin excusas.

Si la distancia entre hoy y el retiro parece vasta, y por eso la idea de ahorrar para tus últimos años carece de urgencia, por favor considera los siguientes cuadros para darte una idea de cómo se ve ese tiempo en dólares y centavos. Los intereses compuestos —son esencialmente dinero gratis— suman los intereses de tu inversión inicial MÁS los intereses del valor acumulado de tu inversión inicial más los intereses, una y otra vez, hasta que los saques del mercado. Es en verdad una hazaña milagrosa de la aritmética.

Como lo dije, esta no es información «nueva», pero tal vez mi deleitosa presentación la hará más atractiva. Te mostraré **tu propia inversión, la cantidad con la que terminarás cuando tengas 65 años** y el **rendimiento de la inversión,** es decir, la cantidad de dinero que se materializa en tu cuenta sin que tengas que levantar un dedo.

También puedes pensar en eso como la cantidad de la que estarás privando a la versión vieja y cansada de ti si no comienzas a ahorrar para el retiro hoy.[6]

TABLA DE AHORROS # 1			
$ 1.00 / AL DÍA			
	CONTRIBUYE CON (COMENZANDO EN TU EDAD ACTUAL)	TERMINA CON (A LA EDAD DE 65)	RENDIMIENTO (DINERO GRATIS)
55	$ 3,650	$ 5,398	$ 1,748
50	$ 5,475	$ 9,817	$ 4,342
45	$ 7,300	$ 16,015	$ 8,715
40	$ 9,129	$ 24,707	$ 15,582
35	$ 10,990	$ 36,899	$ 25,949
30	$ 12,775	$ 53,999	$ 41,224
25	$ 14,600	$ 77,982	$ 63,382

---

[6] Utilicé esta calculadora en línea que toma un rendimiento del 7% y una tasa de impuesto del 25%: www.bankrate.com/calculators/retirement/traditional-ira-plan-calculator.aspx.

Con un dólar al día (el precio de un billete de lotería)

> Una persona de 55 años contribuye con 3 560 y termina con 5 398 **—un rendimiento de 1 749.** No está mal, pero estaría mejor si hubiera comenzado antes.

> Una persona de 40 años que mete 9 125 en su cuenta de ahorro para el retiro tendrá 24 707 en para cuando cumpla 65. Eso es **un rendimiento de 15 582.** No sé tú, pero yo tengo 38 y un bono de 15 000 por no hacer nada me suena bastante bien.

> Una persona de 25 años que meta 14 600 en ahorros para el retiro tendrá 77 982 en la cuenta para cuando cumpla 65. Esa persona es la gran ganadora con **un extra de 63 382** como prueba de su compromiso con el ahorro para el retiro. SESENTA Y TRES MIL DÓLARES.

Ahora ve lo que sucede si inviertes los 3.57[7] al día de los que hablamos antes:

---

[7] La calculadora solo me deja utilizar números redondos, en realidad estarías contribuyendo cinco centavos más por año (1 303.05 en lugar de los 1 303.00 que puse), por lo tanto, estarías ganando MÁS DINERO de lo que muestra este cuadro.

TABLA DE AHORROS # 2		
$ 3.57 / AL DÍA		
	CONTRIBUYE CON (COMENZANDO EN TU EDAD ACTUAL)	TERMINA CON (A LA EDAD DE 65)	RENDIMIENTO (DINERO GRATIS)
55	$ 13,030	$ 19,271	$ 6,241
50	$ 19,545	$ 39,046	$ 15,501
45	$ 26,060	$ 51,172	$ 25,112
40	$ 32,575	$ 88,204	$ 55,629
35	$ 39,090	$ 131,729	$ 92,639
30	$ 45,609	$ 192,774	$ 147,169
25	$ 52,120	$ 278,393	$ 226,273

Con 3.57 al día (el precio de un llavero de *shot colapsable*):

Una persona de 55 años contribuye con 13 030 y termina con 19 271: **un rendimiento de 6 241.** Eso podría pagar un montón de cenas con descuento por llegar temprano.

Una persona de 40 años que mete 32 575 en su cuenta de ahorro para el retiro tendrá 88 204 para cuando cumpla 65 —**un rendimiento de 55 629**—. Ahora estamos hablando.

Una persona de 25 años que mete 52 120 tendrá 278 393 en la cuenta para cuando cumpla 65 —**un rendimiento de 226 273**—. Estoy notando un patrón aquí.

Por último, ¿qué sucede si te vas a lo grande?

TABLA DE AHORROS # 3		
$ 5.00 / AL DÍA		
	CONTRIBUYE CON (COMENZANDO EN TU EDAD ACTUAL)	TERMINA CON (A LA EDAD DE 65)	RENDIMIENTO (DINERO GRATIS)
55	$ 18,290	$ 26,990	$ 8,740
50	$ 27,375	$ 49,084	$ 21,709
45	$ 36,500	$ 80,073	$ 43,573
40	$ 45,625	$ 123,537	$ 77,912
35	$ 54,750	$ 184,496	$ 129,746
30	$ 63,875	$ 269,995	$ 206,120
25	$ 73,000	$ 389,912	$ 316,912

Con 5 al día (porque a nadie le hace mal redondear):

Una persona de 55 años contribuye con 18 250 y termina con 26 990 —**un rendimiento de 8 740**—.

Una persona de 40 años que mete 45 625 en su cuenta tendrá 123 537 para cuando cumpla 65 —**un rendimiento de 77 912**—, que, por cierto, es más dinero gratis en el transcurso de 25 años que lo que hizo ese dólar que guardaste por día a los 25 años en 40 años.

Una persona de 25 años que mete 73 000 en su cuenta tendrá 389 912 para cuando cumpla 65. Eso significa que está contribuyendo casi tanto como lo que obtendría al final del plan de un dólar, pero juntará la **sorprendente cantidad de 316 912 de rendimiento.** Esa es una cantidad certificada de un chingo de dinero.

Creo que ya establecí mi punto. Adelante, no puedo esperar para que calcules tu ahorro para el retiro.

SALUD, CASA Y ESTILO DE VIDA

Muy bien, no te emociones tanto con el retiro todavía. Primero te tenemos que llevar hasta ahí de una pieza y con la mayoría de tus órganos en buen estado. Esta sección abarca una gama de consejos sobre dieta y ejercicio que puedes decidir ignorar, pero, si sirve de algo, yo misma tomaré mis propios consejos y comenzaré ese régimen de entrenamiento que he procrastinado tanto. Las otras cosas que puedes ignorar son: los platos sucios en tu fregadero, la espuma en tu bañera y la fina capa de apatía en tus pisos. Pero si te sientes con la energía para pasar un buen rato limpiando tu casa, te explicaré cómo mantenerla así —un truco que probablemente deberías de dominar antes de intentar un proyecto a gran escala para mejorar tu hogar, un tema que también voy a abordar—. (¡Renovar el sótano como metáfora de renovar tu vida!). Y, finalmente, dejaré caer cierto conocimiento sobre ser egoísta —sin ser una idiota ni un cretino insufrible— en tu camino para ganar en la vida.

VAMOS A LO FÍSICO

He visto a mis compatriotas estadounidenses intercambiar caminadoras por diabetes tipo 2 desde hace décadas, por lo que asumo que la mayoría de la gente se siente como yo: sé que no estoy realmente en forma, pero tampoco me *importa*. Por eso me sorprendió que «salud física» tuviera una puntuación tan alta en mi encuesta (después de «trabajo» y antes de «estilo de vida») como un área en la que la gente dice necesitar arreglar su desmadre. ¡Siempre se aprende algo nuevo!

¿Yo? Yo hice toda esa mierda en mi pubertad y en mis veintes, desde los videos de «Nalgas de acero» hasta correr 10 kilómetros los domingos, y odié cada minuto. Lo hacía porque pensaba que era una obligación estar delgada y, en consecuencia, para sentirme bien conmigo misma. Pero mis prioridades cambiaron con el tiempo, y así como tú puedes estar en paz con un cuarto desarreglado, yo estoy en paz con un poco de textura gelatinosa, si eso significa que nunca más tendré que pasar otra hora de mi vida sudando al ritmo de canciones ochenteras.

Sin embargo, recientemente decidí que me gustaría ser más flexible. Quizá es por el hecho de que paso la mayor parte del día encorvada escribiendo en mi computadora portátil, o tal vez es solo que «ya casi cumplo 40», pero sin importar lo que sea, comienzo a sentirme un poco tiesa y oxidada. Así que antes de que esto se convierta en una condición permanente, haré algo al respecto.

Muy bien, parece que acabo de establecer un objetivo. Ahora seguiré con la estrategia...

Primero debo buscar en Google «ejercicios de estiramiento» para darme una idea de lo que podría hacer para liberar mi cuello y espalda del *rigor mortis* que se apodera de ellos desde temprano.

Después, dejaré libre algo de tiempo para mi nuevo elemento «imprescindible» de la lista. Como actualmente me doy una hora cada mañana para tomar café y revisar mis redes sociales, creo que puedo volarle 15 minutos a esa actividad de baja prioridad y liberar espacio para hacer ejercicios de estiramiento. (Nota: no estoy *agregando* algo a mi día. Le estoy haciendo espacio al **reducir el tiempo que paso en una tarea menos importante**).

Por fin mañana me despertaré y lo llevaré a cabo. Ya les contaré cómo me fue.

Resuélvelo o encuentra cómo darle la vuelta

Aunque hacer ejercicios de estiramiento parece bastante fácil (dice ella incluso antes de probarlo), otros tipos de ejercicio son más demandantes, requieren que te enfoques por más tiempo y este compromiso hasta puede implicar una hernia. Como lo dije, no es lo mío, pero bien podría ser lo tuyo.

La pregunta es ¿qué tan importante es para ti hacer que todo esto del entrenamiento físico suceda? Claro, cientos de personas dieron clic en un botón en una encuesta anónima, pero dieron clic en ese botón porque todavía no han hecho nada al respecto. ¿Por qué? Probablemente porque la motivación todavía no les ha llegado *del todo*.

El poder del pensamiento negativo te puede llevar de una encuesta en línea a unas clases de kickboxing.

¿Estás un poco incómoda contigo misma por no estar en forma? Si la respuesta es no, entonces vete a desmayar en tu sofá como la reina que eres. Si la respuesta es sí, entonces es momento de arreglar tu desmadre. Y si es momento de arreglar tu desmadre, entonces ya sabes por dónde comenzar.

¡Señoras y señores, establezcan esos objetivos!

Si realmente te gusta hacer ejercicio, alcanzar esta meta no debe ser muy difícil, solo tienes que *priorizarla* sobre dos o tres horas de otras cosas de tu semana que podrías sacrificar por ir al gimnasio. Ver infomerciales de Ab Roller en pants no cuenta como hacer ejercicio.

Si no te gusta tanto hacer ejercicio, tienes que poner en una balanza tu desagrado por las lagartijas contra tu desagrado por el exceso de grasa. ¿El pensamiento negativo te llenó de entusiasmo? Genial, ¡lleva esa motivación al tapete de yoga! Soy la última persona en el mundo que te diría que es fácil correr ocho kilómetros al día o terminar una clase de yoga intensiva, pero soy la primera en decirte que comprometerte con un plan de ejercicio es endemoniadamente más fácil que regodearte en comportamientos autodestructivos y depresión paralizante. Ahí está la cosa.

Y si odias el ejercicio más de lo que el villano de _Scooby-Doo_ odia las intromisiones de esos chicos y su estúpido perro —pero no eres feliz con la forma en la que te ves o te sientes— entonces tal vez tienes que arreglar tu desmadre en un área diferente para mejorar tu salud sin sacrificar tu alegría de vivir.

Soy muy fanática de la idea de no hacer las cosas que no quieres (de hecho, escribí todo un libro sobre el tema), lo que también significa que soy muy fanática de **encontrar cómo darles la vuelta.** Eso puede significar cuidar lo que comes en vez de cuidar tu cuenta de pasos, o podría ser hacer ejercicio _mientras_ haces algo divertido como, oh, no sé, escuchar un audiolibro sobre no hacer cosas que no quieres hacer

Es solo una idea.

Toma el rol de canela, tal vez deja los cannoli

En relación con la otra parte de la salud física —la dieta—, tengo sentimientos encontrados al respecto, hablaré de ellos en la cuarta parte. Pero **el concepto de una buena dieta en sí no es complicado.** En lo que a mí concierne, se ve así.

Come lo que necesites comer para funcionar de la manera que tengas que funcionar, no te pases si quieres que tu corazón y tu hígado *sigan* funcionando, y disfruta tu vida mientras tanto. Todo con moderación.

¿Qué? No viniste aquí por recetas de licuados bajos en calorías; viniste aquí para arreglar tu desmadre. Solo digo lo que veo. Arreglar tu desmadre se trata de ser feliz. Estar contenta. No estar molesta. ¿Estás contenta y no molesta cuando comes tu tercera porción de germen de soya en el mismo día como si fueras un maldito ratón con un contrato de modelo?

Tal vez lo eres, no lo sé. Las dietas me ponen incómoda. Lo que significa que la única forma en la que sé como ayudarte es sacando mis llaves, mi teléfono y mi cartera, y aplicar la teoría ATD (arregla tu desmadre) a esta mierda.

Crea una estrategia: Si quieres perder peso comiendo menos comida, deduce cuánta comida menos debes comer por día. PEQUEÑOS Y MANEJABLES PEDAZOS DE COMIDA. El conteo de calorías es una forma muy sencilla para lograr esto. Media lata de Pringles BBQ (475 calorías) debería ser suficiente.

Enfócate: El tiempo necesario para bajar equis kilos dependerá de cuántas calorías puedas eliminar de forma realista de tu día sin morir de desnutrición, además de otras cosas, como de qué tipo de alimentos provienen esas calorías y si estás haciendo ejercicio (y tu tipo de metabolismo, pero eso no me incumbe). Hablando de forma general, se requieren 3 500 calorías para mantener 450 gramos de grasa, así que si te puedes ahorrar 500 calorías al día en tu dieta actual, puedes bajar casi medio kilo a la semana. Date 10 semanas.

> Comer *saludable* es un tema aparte y, con el perdón de mi base de admiradores, no es uno en el que esté calificada para asesorarlos. Mi dieta está compuesta por pizza (30%), vino tinto (25%), quesos y licores (15%) y «cosas que puedes beber de una piña» (10%).».

Comprométete: No te comas las Pringles. No guardes las Pringles en tu casa por si alguien más las quiere. No camines por el pasillo de las Pringles en el supermercado. Definitivamente no te cases con un representante de ventas de Pringles. ¿Tu perro se llama Pringles? Deshazte de tu perro.

Para la mayoría de nosotros, perder peso son solo matemáticas + fuerza de voluntad. Si lo deseas con todas tus fuerzas (ve «el poder del pensamiento negativo»), lo harás. Y tal vez recaigas y lo tengas que hacer todo de nuevo, pero HAY una forma de lograrlo. Come menos, muévete más.

Aunque, ponte a pensarlo, he escuchado que la pérdida de peso es una industria de 60 mil millones al año, y, aunque los libros de autoayuda con malas palabras en el título están creciendo en el mercado, Jenny Craig me sobrepasa por unos buenos 599 999 mil millones.

¿Tal vez soy yo la que tiene que arreglar su desmadre?

VIVIR LIMPIO

Mientras paso algo de tiempo contemplando cómo convertir mi inclinación por maldecir en un imperio global de mil millones de dólares, tú puedes pasar algo de tiempo contemplando qué se necesita para limpiar tu casa y en realidad mantenerla así por más de tres horas. Porque por allí hay algunas personas que aseguran que es posible arreglar todo una vez y que permanezca limpio para toda la vida, pero lo tengo que decir: esas son tonterías.

Para este punto, **estamos viviendo en una sociedad poslimpieza.**

La fantasía de limpiar tu casa de principio a fin «solo una vez» es seductora, mas no práctica. Como tener un trío con tu esposa y tu cautivadora vecina mayor, donde obtuviste lo que querías, pero todavía se tienen que ver en el pasillo y caminar por su alfombra. Limpiar tu casa una vez no te dejará en paz por el resto de los días, tampoco la asaltacunas del 3B.

Prácticamente todas las personas que conozco (incluyéndome) tienen una historia sobre vaciar todo el contenido de los cajones de la cocina en el piso y decirle adiós con lágrimas en los ojos a un set de espátulas. Eso está perfecto, en realidad lo está. Pero ¿qué sucede cuando la nube narcótica de limpiar se disipa y Alvin decide escapar antes de verse sumergido en otra ronda de organizar tuppers?

Yo te diré lo que sucede.

A la gente le agarra la onda de limpiar por algunos meses, o solamente por un par de semanas, y después... pierde el hilo. La ropa sucia comienza a convertirse en obstáculos, los libros y papeles se multiplican como las Kardashian en celo, las chácharas regresan con ánimos de venganza. Esta gente gasta tanto tiempo y energía limpiando su espacio físico, para después llenarlo otra vez con caos y bebederos para pájaros que compran en descuento.

¿Por qué ocurre eso?

Bueno, yo sostengo que **si tuvieran su desmadre arreglado desde un principio, la inquietud por la limpieza se hubiera quedado.** Una oleada de limpieza física puede ser bastante efectiva a corto plazo, pero todo se va a la mierda cuando te falta tiempo y motivación para darle mantenimiento.

Sí, es más fácil mantener las cosas limpias cuando comienzas con una purga total (ve Inbox Cero), pero todavía tienes que trabajar en ello, si no es cada día, al menos una o dos veces a la semana. Tal vez menos si vives en una casa pequeña. De hecho, la única razón para vivir en una minicasa es porque odias limpiar. Las minicasas son una abominación. Ahí está, lo dije. Continuemos.

¿Algo de esto te suena familiar?

«Necesito ayuda para ordenar mis cosas y que se mantengan así».

«Sin importar lo que haga, mi departamento está desordenado y sucio. Envidio increíblemente a los personas que limpian de forma compulsiva».

«Tengo que pasar sesiones de noches enteras para que mi casa esté presentable cuando mis padres vienen a quedarse. Me gustaría que estuviera lista para recibir visitas todo el tiempo».

Para tres de ustedes esto les debe sonar bastante familiar, porque estas citas las tomé directamente de las respuestas a mi encuesta. Para el resto de ustedes, si así es como se ve su vida completamente normal —de no acumuladores— al menos ya saben que no están solos, y por mucho. ¡Tampoco está todo perdido! Si tener tu casa limpia está hasta arriba en tu lista de deseos, puedes acercarte como a todo lo demás: arreglando tu desmadre.

Objetivo: No solo limpiar tu casa, sino mantenerla limpia para las visitas inesperadas, las fiestas improvisadas y tu propia salud en general.

Crea una estrategia: Comienza con una limpieza de un solo día. Esta no tiene que ser una purga que cambie tu vida a niveles mágicos, solo una barrida general que te lleve al estado mental de «No habría problema si los vecinos pasaran de visita». (Ignora el hecho de que los vecinos ya no solo «pasan», te mandan un mensaje de texto primero). Luego divide tus deberes de limpieza por categorías, como recoger los juguetes, doblar la ropa, sacar la basura o aspirar, y promete hacerles frente a una o dos de estas tareas a la vez, cada dos días, como mantenimiento. Sin importar cuánto terreno tengas que abarcar, si lo divides en tareas pequeñas y manejables, no será tan abrumador.

Enfócate: Aparta tiempo para completar cada minitarea correspondiente. Cuando lo pones en perspectiva, en realidad solo necesitas veinte minutos para algunas de estas tareítas. Los juguetes van a los canastos, los zapatos van al clóset, la basura va afuera y los cachivaches se ordenan (de hecho, mejor deshazte de los cachivaches). Veinte minutos cada determinados días puede contribuir en gran medida a mantener tu casa lista para el horario estelar todo el tiempo. Una tarea como aspirar puede tomar más, pero hacerla una vez cada dos semanas por una hora es más fácil que apilar esa hora de aspirar sobre otras 10 horas de limpiar, ¿cierto?

Comprométete: Si ya estableciste tus miniobjetivos, juzga cuánto tiempo te toma completarlos, luego dales prioridad en tu lista de tareas imprescindibles y no tendrás más excusas para no mantener tu casa limpia. Ya le asignaste un tiempo en tu día, ahora todo lo que tienes que hacer es usarlo. Ya te acorralaste en una esquina con tu propio Swiffer.

El hecho es que no necesitas una compulsión de limpieza para mantener una casa limpia (sobre todo si es pequeña). Solo debes **hacer que el trabajo sea lo más fácil posible para ti** —al partirlo en tareas pequeñas y manejables— y luego se convertirá en una parte de tu rutina, como ver el programa matutino o recortar los vellos de la nariz.

En resumen: ¿Quieres una casa limpia en forma regular? ¡Límpiala en forma regular! ¿Crees que no tienes tiempo para hacerlo? Priorízalo sobre cosas que desees menos. ¿Todavía tienes mucho por hacer en tu lista de tareas pendientes? Acórtala a una de tareas imprescindibles.

Si sigues todos estos pasos y todavía encuentras que tener una casa limpia es imposible... **¿tal vez es momento de admitir que en realidad no te importa?** Sospecho que algunas personas reclaman con desesperación el estado de desorden de las barras de su cocina solo porque creen que *deberían* poder ver el granito debajo de las migajas de pan y las tarjetas de Navidad que llevan ahí meses.

Está perfectamente bien admitir que organizar lo físico no es tan importante para ti.

Esa es la magia de mandarlo todo a la mierda, y en verdad dura para siempre.

> Ya llevo tres días con mi plan de ejercicios de estiramiento. Con una sesión de 15 minutos por día, mi cuello ya se siente mucho mejor. Lo que significa que logré en 45 minutos, y gratis, lo que un quiropráctico me hubiera cobrado 150 dólares, y no tuve que salir de mi casa ni ponerme pantalones #GANADORA

DISCOVERY HOME & HEALTH TE ENGAÑA

Si sí te importa tener un espacio lindo para vivir —y, de hecho, te importa tanto que **no solo quieres mantenerlo, sino *mejorarlo*—** entonces arreglar tu desmadre es la única manera de volar. Cualquier proyecto grande y a largo plazo, y mejorar tu casa es un ejemplo avanzado, es solo un objetivo gigante partido en otros más pequeños. La motivación y la priorización son los pasos. Retocar el húmedo y horrible sótano se tiene que volver lo suficientemente importante para ti como para que finalmente le cedas un lugar de honor en tu lista de tareas imprescindibles.

Pero las listas de tareas imprescindibles suelen ser sobre el *hoy* —o por lo menos un periodo corto de tiempo, ¿cierto? (Esa fue una pregunta retórica. Sé que lo son, yo las inventé).

Y un proyecto como este podría tomar semanas, meses o incluso años, dependiendo de cuánto tiempo, energía o dinero tienes para dedicarle. Así que puede ser un «imprescindible» en términos de tus prioridades (quieres mandar a los niños al sótano y tenerlos fuera de tu vista varios años antes de que ir a la universidad cumpla el mismo objetivo), pero no sucederá todo de una vez, en un día.

¿Sabes qué *sí* puede suceder en un día?

Una tarea pequeña y manejable.

¡Tómala!

Arreglar tu desmadre para las cosas grandes es solo arreglar tu desmadre para un montón de cosas pequeñas, una y otra vez. Por *supuesto*, una renovación total es intimidante. Tu sótano no se transformará solo mágicamente en un mundo maravilloso tapizado de pared a pared. Hay como 8 000 cosas que se tienen que hacer para convertir una celda de concreto sin terminar en una sala de juegos acondicionada. Pero es lo mismo que discutimos antes sobre obtener un nuevo trabajo, todo lo que tienes que hacer es crear un estrategia, enfocarte y comprometerte. Llaves, teléfono y cartera.

Sí, Alvin, requerirá decisión y esfuerzo de tu parte por un periodo prolongado. Pero tachar *una cosa a la vez* de tu lista de imprescindibles para renovar el sótano es una forma relativamente fácil de conseguirlo. En definitiva es más fácil que tratar de hacer todo a la vez. Incluso a esos equipos de contratistas y diseñadores del canal Discovery Home & Health en realidad les toma semanas renovar una casa. Todo eso de «TENEMOS VEINTICUATRO HORAS PARA CAMBIARLO TODO», solo es para la televisión. Perdón si te arruiné la fantasía, pero la verdad te hará libre.

Tus tareas se pueden ver así. Tan pequeñas, tan manejables:

- ✔ Decidirse a renovar el sótano.
- ✔ Investigar contratistas.
- ✔ Elegir un contratista.
- ✔ Hacer una cita con el contratista.
- ✔ Elegir un color de pintura.
- ✔ Elegir lámparas.
- ✔ Comenzar a pensar sobre las cubiertas de los interruptores de luz.
- ✔ Darse cuenta de que te importan un carajo las cubiertas de los interruptores de luz.
- ✔ Darle indicaciones al contratista para que él seleccione las cubiertas de los interruptores de luz.
- ✔ Mientras tanto, investigar sobre colchones, mesas de café y armarios.
- ✔ Mandarle un correo electrónico enérgico al contratista sobre su falta de progreso.
- ✔ Comprar una almohada bonita.
- ✔ Aventársela a tu contratista.
- ✔ Etcétera.

Si tienes que ahorrar para la renovación (y estoy adivinando que sí, porque, ¿quién tiene esa cantidad de dinero?), ya deberías saber cómo hacer eso también. Incluso podrías hacerlo *mientras* investigas contratistas.

Si no planeas utilizar a un contratista —ya sea porque te tengas que ajustar a un presupuesto o solo disfrutas de hacer este tipo de cosas por tu cuenta— los pasos son en gran parte los mismos. Tacha «investigar contratistas», «elegir contratistas» y «haz una cita con tu contratista». Remplázalos con «pintar el sótano» e «instalar las lámparas de pared».

Y si no tienes ni el presupuesto para un contratista ni el tiempo o deseo de hacerlo tú mismo, puedes sortear esa lista de prioridades por más tiempo y ver qué sucede.

En cuanto al dinero y el esfuerzo: Tal vez en lugar de encargarte de las lámparas te comprometes a pintar tú el cuarto, pero contratas a un electricista profesional (y te esperas para poner la mesa de billar hasta que los niños se muden de casa, así no la podrán arruinar).

Si es una cuestión de tiempo: Quizá las ocho horas de Netflix que ves cada fin de semana se podrían sacrificar para construir la Netflixcueva perfecta en un periodo de varios meses. Esos son un montón de capítulos que tendrás que invertir para hacer una temporada. Jaja, chistes de Netflix. Ya me voy.

Y ahora es momento de regresar a **la motivación y las prioridades:** ¿Esta madre vale la pena para ti o no?

Si no, ve y tacha «renovar el sótano» de tu lista totalmente. Da igual, no pierdo nada. Ni siquiera tengo un sótano.

TENGO A UN TIPO PARA ESO
(Y TÚ TAMBIÉN PODRÍAS)

Ya aprendimos que en ocasiones la mejor forma de hacer algo es no hacerla en absoluto; es decir, dejarlo pasar. Delegarlo a alguien más es incluso mejor. La tarea se completa, ¡y tú no tuviste que hacerla! Genial.

Pero detrás de la puerta número tres hay todavía otra opción, la forma más grande de delegar, conocida como: **contratar a un profesional.**

Ya sea que estés contemplando la idea de hacer una reparación a pequeña escala, o una renovación a grandes escalas, o solo necesitas que tus pantalones sean unos centímetros más pequeños de lo que Mango los hizo, ir con un profesional es otra opción para ordenar tu mente y calmar la bomba de tiempo que es tu lista de tareas pendientes.

Sí, cuesta dinero. Pero te libera tiempo y energía valiosos. (Y te da la seguridad de que esos pantalones plisados no terminen como capris. Por lo regular una persona cuyo trabajo pagado es hacerle el dobladillo a los pantalones lo hace bien desde la primera vez).

En ocasiones arreglar tu desmadre se trata de admitir que NO tienes tu desmadre arreglado en alguna área en particular.

Se trata de dejar de entorpecer tu propio camino para que el mundo pueda avanzar alrededor de ti y puedas dejar de gastar tiempo y energía en intentos fútiles, como hacerle el dobladillo a los pantalones o, digamos, arreglar tu lavadora. ¿Tu profesión es reparar lavadoras? ¿No? ¿Entonces qué haces allá atrás? Ah, gastar un montón de tiempo y energía. Cierto.

Ahora, no estoy diciendo que tienes que ser reparador de lavadoras para poder arreglar tu desmadre. Pero si no sabes un carajo sobre reparar lavadoras, pero persistes en poner en tu lista de tareas imprescindibles «arreglar la lavadora» y nunca la dejas bien, o la dejas bien una vez y luego la máquina se descompone otra vez porque no sabías realmente qué estabas haciendo y, por lo tanto, tuviste que poner «arreglar la lavadora» *otra vez* en la lista, bueno, ahí es cuando te tienes que ver al espejo y admitir que no tienes tu desmadre arreglado.

Te lo ruego, hazte un favor (y también a tu lavadora): llámale al hombre de Maytag y deja el asunto en paz.

GANAR POR ÓSMOSIS

Cuando estás en manos de alguien que tiene su desmadre arreglado, te sientes seguro y a salvo. Como un maratonista que cojea ayudado por un compañero corredor para cruzar la meta, tú también puedes ser impulsado por el espíritu indomable y la habilidad de un plomero profesional.

Contratar a un profesional también puede *significar* un medio para llegar a un fin, no el fin en sí.

Puede ser la mejor manera de cerrar la brecha entre el desmadre que sí tienes arreglado y el desmadre que no. Por ejemplo, digamos que necesitas un nuevo teléfono, pero te desconcierta la diversidad de modelos que salen al mercado, por lo que ya te resignaste a hablar en ese teléfono de chicles que tienes desde antes de que cancelaran el programa *Scrubs*.

Para reducir tus opciones, puedes al menos consultar a un profesional como un paso pequeño y manejable para realizar tu objetivo general (de escoger un teléfono que sea correcto para ti). Ni siquiera te cuesta nada entrar a la tienda de Apple cargado de preguntas, además esos nerds del Genius Bar aman hablar sobre la duración de la batería y los megapixeles. Les estarías haciendo un favor a *ellos*.

Por último, si puedes pagarlo, contratar a un profesional simplemente es más fácil.

Si eres lo suficientemente suertudo de tener los medios para mantener el negocio de otra persona a flote, ¡ayúdales! El objetivo aquí es atravesar la vida con las molestias mínimas y las ganancias máximas. Sabes que en verdad arreglaste tu desmadre cuando tienes tiempo para relajarte y disfrutar un sándwich de pavo, no cuando llenas cada momento de tu día con molestias innecesarias.

MIERDA PARA LA QUE PUEDES CONTRATAR A UN PROFESIONAL Y AHORRARTE LAS MOLESTIAS		MIERDA QUE TÚ PUEDES HACER
→Lavar tu coche	⟶	Limpiar las alcantarillas
Limpiar las alcantarillas	⟶	Cortar el pasto
Cortar el pasto	⟶	Pintar la plataforma del patio
Pintar la plataforma del patio	⟶	Preparar la comida
Preparar la comida	⟶	Lavar tu coche ┐

¿Viste lo que hice ahí?

En un mundo en el que **tienes tantos pendientes,** pagarle a alguien más para que haga esa cosa extra por ti podría ser **la clave para conseguir todo lo demás.** Libera un montón de tiempo y energía, incluso si esto significa sacrificar un poco de dinero por la causa.

Esta es una estrategia particularmente buena para las personas que pueden pagar la ayuda pero, de forma inexplicable, se niegan a pedirla mientras que los proyectos se apilan a su alrededor como las ruinas de tantas civilizaciones de la Antigua Roma. Toma tu lista de tareas imprescindibles y ve lo que puedes pasarle a alguien más —ya sea gratis, por un *six* de Bud Light o por 400 pesos—.

PD: NO SEAS UN MALDITO MÁRTIR

A mí también me gusta quejarme como a cualquier persona, pero por el amor de Dios, nadie tiene por qué oír sobre lo ocupado que estás a cada hora de cada maldito día. La autocompasión es odiosa. Y, más importante aún, no deberías *estar* ocupado cada hora de cada día. Se supone que ganar en la vida te debe hacer sentir más libre y relajado, como muchos pares de pantalones de lino. No es una competencia —contigo o contra alguien más— para ver quién tiene más citas, está más agobiado o está más fundido. Quiero decir, ve lo que le pasó a Juana de Arco. ELLA ERA UNA MÁRTIR Y LITERALMENTE LA FUNDIERON.

EL TIEMPO PARA MÍ ES UN DERECHO, NO UN PRIVILEGIO

Chicos, es hora de cambiar de tema, ¿cierto? (Lo siento, Juana). Creo que es momento de pasar de toda esa mierda que se *tiene* que hacer y comenzar a hablar sobre la mierda que simplemente *queremos* hacer. Porque, para muchos de nosotros, es difícil justificar cómo encontrarle tiempo a este tipo de actividades —alias pasatiempos— que parecen no beneficiar a nadie más que a ti.

Al. Diablo. Con. Esa. Mierda.

Sacrificar tus pasatiempos por tu lista de tareas imprescindibles no es bueno. En primer lugar, deberían estar DENTRO de esa lista. **Este libro se trata de ordenar tu mente y entrenarte para pensar distinto sobre tu vida y cómo la vives.** «Tú sé tú» con instrucciones de cómo hacerlo para obtener la máxima felicidad. Así que en vez de relegar los crucigramas y el esquí de fondo a la esquina de tu cerebro de «cuando tenga tiempo», hazles espacio desde antes. Fácil acceso.

Para lograr esto, tienes que considerar tus pasatiempos —y los beneficios que obtienes al satisfacerlos— **tan importantes como otras cosas que «debes» hacer.** Te *tienes* que levantar e ir al trabajo porque *tienes* que ganar dinero para sobrevivir. Pero también *tienes* que NO estar triste y NO estar agotado y NO sumergirte en un caldero de resentimiento sin parar, ¿cierto?

> **Pasatiempos con los que me he premiado por arreglar algún desmadre**
>
> - Leer un libro
> - Asolearme
> - Contar lagartijas
> - Hacer una caminata
> - Tomar un baño de burbujas

¿Qué no te hace sentir triste, agotado y resentido? ¿Qué? Desahogarte en la pista de Go-Kart, por supuesto. O arreglar el jardín o ir a bailar salsa o despejarte con Elvis Costello mientras perfeccionas el último lote de aguamiel. Los pasatiempos no solo son una parte integral para mantener tu felicidad, sino que hasta pueden equilibrar la molestia de algunas tareas —más difíciles y menos emocionantes— de tu lista de imprescindibles. Puedes pensar en el tiempo que inviertes en un pasatiempo como una remuneración por completar mierdas molestas que te chupan el tiempo y la energía (y un pasatiempo no tiene por qué requerir tanta energía, puede ser algo que haces meramente para distraerte y restaurarte: ve el recuadro).

Si necesitas algo más convincente, puedo decirte que, a principios de 2010, yo gasté una gran parte del dinero de mi compañía de seguros en doctores para la ansiedad, y esos PROFESIONALES DE LA SALUD me dijeron que debería tomar más baños de burbujas. No porque los baños de burbujas no sean jodidamente deliciosos en sí, sino porque una forma de «autorregularte» (término elegante para decir calmarte) es **cambiar tu atención** de la cosa que te está ocasionando ansiedad a otra cosa que te haga feliz. Es como engañar a tu cerebro para que se sienta mejor.

Pero ¿y si mi cerebro se resiste a esos trucos? Mi cerebro no es tonto. ¡Mi cerebro es una fuerza que ha de tenerse en cuenta!

Entonces tenla en cuenta.

Tienes que echarle ganas a tu pasatiempo

Como soy una de esas personas con una torre de libros en la mesita de noche casi del tamaño de la de Pisa, seguido me tengo que recordar a mí misma que leer es un pasatiempo que vale la pena —incluso si *pudiera* hacer algo más «útil» con mi tarde, como generar mi reporte de gastos trimestrales—. Pero nunca me he arrepentido de que leer por placer gane esa disyuntiva mental, especialmente si considero que agarrarme a golpes con mi programa de contabilidad provoca que de mi boca salgan palabrotas dignas de un bar de marineros en 1941.

Ya sea que tu elección para divertirte sea leer, la pesca con mosca o darle un gran golpe a tu bong y luego tratar de resolver un cubo de Rubik, tienes que **tratarlo como un cabildero trata su causa,** defendiendo e influyendo para que la decisión del gobierno sea favorable para él. Por fortuna, en este escenario eres tanto el cabildero como el legislador, por lo que tienes una posición de ventaja. ¿Te interesan los libros, la retrospección y la cannabis? Bien, entonces asegúrate de que estas actividades estén bien representadas en tu calendario. **Prográmalas.**

Una manera muy efectiva de incrementar el tiempo que destinas a un pasatiempo es *permitirte* pasar tiempo en él para que *recuerdes* cuánta alegría te trae. De esta manera, cuando te encuentres en un debate mental sobre si debes fumar o ponerte a trabajar, tu cabildero interno no tendrá que esforzarse tanto para persuadir al gobierno de que tienes derecho a tu cita de las 10 de la noche con doña Juanita.

Por último, cuando estés en duda: no lo pienses, *hazlo*.

Ni siquiera te molestes titubeando, contradiciéndote y negociando con tu cerebro. Haz lo mismo que yo: abre el agua y métete a la bañera antes de que puedas pensarlo dos (o tres) veces. Una vez que estés ahí, tu cerebro se reajustará con todas las vibras positivas que obtiene de hacer algo que en realidad *quiere* hacer, y estarás feliz al respecto.

Es una onda muy «qué fue primero, el huevo o la gallina», lo sé, pero funciona.

Estar en pro de la creación

Un montón de personas que respondieron a mi encuesta dijeron que podrían arreglar su desmadre para conseguir no solo pasatiempos, sino objetivos creativos en específico —como escribir, hacer música y arte— pero están demasiado estancadas con el trabajo, la familia, los compromisos y otras obligaciones de la variedad no divertida.

Los entiendo perfecto.

No es fácil «hacerle tiempo» a cosas que no (todavía o nunca) pagan las cuentas. Pero las novelas no se escriben solas, las guitarras no cantan dulcemente cuando se los ordenas y pintar árboles felices no es tan fácil como Bob Ross lo hace parecer. En algún punto tienes que arreglar tu desmadre para dejar de aspirar a hacer algo y EN REALIDAD HACERLO, ya sea que pague las cuentas o solo te haga feliz.

El camino a esta versión de ganar en la vida está obstruido por dos desafíos distintos pero relacionados. Los llamaremos **los Escila y Caribdis de arreglar tu desmadre.**[8]

Escila es la **planificación.** Si trabajas todo el día y tienes una vida familiar/social ocupada —o estás tan cansado que te desplomas en cuanto llegas a casa—, ¿cuándo tienes tiempo para las cosas creativas?

La respuesta es: Tienes que *hacerte* o *encontrarte* tiempo.

A estas alturas, probablemente esperes que saque a relucir una de mis listas de tareas imprescindibles de confianza. Y sí, esa es una forma de abordar este asunto, pero su eficacia **depende del tipo de persona creativa que seas.** Un antigua colega mía trabajaba en su novela temprano por la mañana antes de ir al trabajo. Aparentemente, era capaz de producir palabras de calidad a esas horas todos los días —y estaba comprometida a hacerlo de forma regular—, porque terminó con un contrato para un libro de sepetecientos dólares y renunció a su trabajo de todos los días.

¡Una victoria para las listas de tareas imprescindibles del mundo!

Para otros, el impulso creativo tiene que llegar, y después encontrar tiempo para explotarlo. Una melodía puede aparecer en tu cabeza mientras te transportas por la mañana, pero no puedes librarte de tu presentación de las ocho porque de pronto

---

[8] Yo tampoco puedo pronunciar sus nombres, pero eran unos monstruos marinos de la mitología griega que flanqueaban el único camino seguro a través del Estrecho de Messina en la *Odisea* de Homero. Solo concéntrate en el imaginario del monstruo marino y estarás bien.

diste con el ritmo. Aún así, podrías tomarte cinco minutos para apuntar los básicos de tu inspiración y sortear en consecuencia tu lista de deberes del día siguiente para priorizar «escribir una nueva canción». No es lo ideal, pero es un comienzo. Puedes trabajar con Escila.

Aquí es donde entra Caribdis, que es **la idea equivocada de que las cosas creativas que intentas programar en tu calendario no tienen valor.** Navegar a salvo junto a esta salada bruja marina significa aceptar la noción de que puedes dedicar una hora —o varias— cada día o semana a una actividad que no tiene un propósito perfectamente definido, una tarea que puede dar como resultado un producto terminado o no. Pasar una tarde pintando en tu cuarto puede ser un periodo extremadamente gratificante de perfeccionar tu arte que te ocasione un montón de alegría, incluso si no te trae una exposición en una galería. Pero, de nuevo, bien podría conseguirte una exposición en una galería como a mi antigua compañera de trabajo le consiguió un contrato para un libro. **Nunca lo sabrás hasta que lo intentes, ¿cierto?**

Por lo tanto, el mejor camino —y el que tiene más potencial de ganar— para lograr tus objetivos creativos es encontrarles tiempo y darte el permiso para usarlo. Baila tap hasta pasar delante de Escila y, ya que estás allí, me saludas a Caribdis.

Egoísmo no es una grosería

Ya sea que estés tomándote tiempo «libre» de tus hijos o jugando canasta con las chicas o tomándote tiempo «libre» de tu esposa para pasar un rato solo en un cuarto oscuro por un par de horas —y ponerte en modo Ansel Adams—, hacerles espacio a los pasatiempos y objetivos creativos es **un excelente ejemplo de**

mi práctica «para arreglar tu desmadre» superpuesta con mi filosofía de «me importa una mierda».

Después de que salió *La magia de mandarlo todo a la mierda*, di un par de entrevistas donde hablaba sobre el egoísmo como algo bueno, y algunas personas vieron esto como una postura polémica. Fui acusada de contribuir tanto a la caída de la sociedad como de ser una *millennial*, ninguna de estas suposiciones es correcta y una de ellas es profundamente ofensiva.

Pero ninguna de esas críticas cambió mi forma de pensar en lo más mínimo. Creo firmemente que ser egoísta —en búsqueda de la salud y bienestar— puede ser algo bueno para ti y para todas las personas de tu vida. Si estás feliz y satisfecho, eso automáticamente te convierte en una mejor persona con la que estar. Un padre más relajado. Una pareja más cordial. Un jefe más paciente y un empleado con más energía. **No puedes darles nada a los demás si no tienes nada que dar, ¿cierto?**

Así que sí, que te importen menos y mejores mierdas es un ejercicio de egoísmo: enfocarte en lo que tú *quieres* hacer en lugar de lo que *necesitas* hacer (o lo que *otras personas* creen que *deberías* hacer). ¡Eso no tiene nada de malo! Y esta mentalidad te sirve especialmente bien para arreglar tu desmadre y conseguir pasatiempos, trabajo creativo o cualquier otra actividad que no necesariamente «resulta» en otra cosa más que en tu felicidad.

Tengo noticias para ti: **La felicidad es un objetivo en sí mismo.**

Hace un par de años, cuando todavía estaba sumida en la monótona vida corporativa —y las playas de arena blanca de La Española eran apenas una bonita idea—, mis padres vinieron de visita a Nueva York y nos sentamos en el comedor a filosofar sobre la vida.

Hablamos de que mi esposo y yo no teníamos hijos y sobre cómo algunas personas de la generación de mis padres no entendían esa particular elección de vida. Medité en voz alta sobre cómo, si tuviéramos que criar a alguien, yo terminaría siendo el policía malo y él el bueno, en especial porque sé que sería incapaz de dejar de presionar a mis hijos para que fueran «exitosos».

—Incluso si *intentara* tomármela con calma, siempre estaría pensando en que yo hice todo mi trabajo escolar y me gradué con los mejores promedios de mi clase, entré a una buena universidad y tuve una gran carrera porque siempre trabajé muy duro, a diferencia de este tipo (apunté a mi marido), ¡que toda su vida se enfocó en la pura felicidad!

En ese momento mis padres me miraron horrorizados y mi esposo (que es bien pinche exitoso, debo agregar) me dio una suave palmadita en el brazo.

—Vaya —dijo.

—¿Pura felicidad? —añadieron.[9]

Esta conversación fue lo que nosotros en el negocio conocemos como una «llamada de atención». Excepto que fue más como quedarte en el Marriot de Bourbon Street y pedir que te despierten a las seis de la mañana con una banda de música con todo y trombón.

No nos sorprende que el plan de «renunciar a mi trabajo y mudarme al Caribe» fuera promulgado poco después de eso, ¿verdad? Tenía mi objetivo. Era momento de crear una estrategia, enfocarme y comprometerme.

¿Qué hay de ti, Alvin? ¿Ya es momento?

---

[9] Mis padres no fueron duros conmigo cuando era niña. Yo ya era demasiado dura conmigo misma por todos, créanme.

IV

DESMADRES PROFUNDOS: SALUD MENTAL, CRISIS EXISTENCIALES Y HACER GRANDES CAMBIOS EN LA VIDA

Mientras escribía este libro, me di cuenta de que tal vez no soy un Simón hecho y derecho, sino más bien como un Simón con ascendente Teodoro. Puedo admitir que cuando la mierda me sobrepasa, en ocasiones cedo a la tentación de esconderme debajo de la cama por un día o tres. (Oye, arreglar tu desmadre es una empresa constante, incluso para los neuróticos tipo A que comen notas Post-it de desayuno).

Pero cuando tengo un «Momento Teodoro», intento relajarme, aceptar mis propios consejos y recordar todas las verdades que mantengo como obvias: crear una estrategia, enfocarme y comprometerme. Priorizar y delegar. En caso de duda, contratar a un profesional. E intentar hacer todo esto sin perder la cabeza.

Aun así, hay una cantidad decente de trastornos mentales **—como la ansiedad y el perfeccionismo—** que siempre estarán pasando el rato en mi cerebro y que necesitan vigilancia y limpieza regular. Para otras personas, esos trastornos pueden ser una inclinación hacia **la negación y el autosabotaje** o un **miedo paralizante al fracaso.** Básicamente, si el juego de la vida es una gran carrera alrededor de la pista, estos son los obstáculos psicológicos que ponemos en nuestros propios carriles (en especial los Simones, pero ninguna ardilla está inmune).

La cuarta parte es sobre los **desmadres profundos.** El verdadero «fondo de la verdad», **ese tipo de cosas que son una verdadera piedra en el zapato que no te puedes quitar.**

Y cuanto antes te sumerjas, más rápido podrás salir.

ARREGLAR TU DESMADRE PARA DEJAR DE INTERPONERTE EN TU PROPIO CAMINO

Primero lo primero: mantener tu salud mental y resolver las crisis existenciales es lo mismo que arreglar tu desmadre para hacer una dieta o pintar tu departamento. Sabes que 10 kilos no se derriten en 24 horas —y que, antes de poder pintar, tienes que mover muebles, taparlos con sábanas y cubrir con cinta los zoclos—. Bueno, la ansiedad no se cura con una pasada de un plumero mágico, tampoco el miedo al fracaso sucumbe al borrador mágico de Maestro Limpio ¡en tan solo cinco minutos!

Como todo lo demás que hemos abordado hasta ahora, **los desmadres profundos de la vida se arreglan y se barren con una tarea pequeña y manejable a la vez.**

Cuando hablo de «interponerte en tu propio camino», me refiero a los desmadres profundos. No a tu mediocre capacidad para gestionar el tiempo o tus pocas habilidades para delegar, sino a tus emociones y tu actitud. Tu *mentalidad* en sí. **Este desorden asume la forma de polvo mental:** es en gran medida invisible, pero siempre está allí, y mientras más tiempo lo ignores, se vuelve más invasivo. Cubre el RESTO de tu desorden con una capa de mierda extra y se filtra entre las grietas y las fisuras, exigiendo una aproximación más fina para la limpieza mental. Todavía estamos utilizando el combo comprobado de crear una estrategia, enfocarte y comprometerte, **pero en realidad está sucediendo dentro de ti,** en vez de suceder en el tapete del gimnasio o arriba de una escalera en el cuarto de visitas.

Con ese fin, las siguiente páginas contienen el tipo de consejos que también quieres recibir de, digamos, un doctor o psicólogo con licencia. No soy ninguna de ambas cosas, así que toma todo lo que digo con una pizca de sal.[1] Sal rosa del Himalaya si te sientes juguetón.

ANSIEDAD, MALDITA IGNORANTE

¿Recuerdas cuando dije que todos tenemos nuestro momento de «Oh, mierda»? Bueno, en ocasiones yo tengo los míos, cubiertos de tocino, queso y un ataque de nervios. Ya no pasa tan seguido como antes, pero cuando sucede, esa nube de polvo mental no va a ningún lado hasta que comienzo a superarla. (Los Alvin y Teodoros acumulan un poco en las esquinas, pero nosotros los Simones le pasamos la aspiradora a esta mierda una y otra vez durante toda nuestra vida e, inexplicablemente, el filtro vuelve a volcarse en el suelo. Ese es el problema).

Que te importen menos mierdas ayuda a resolver este asunto, te sorprendería cuántas capas de «polvo de ansiedad» puedes eliminar cuando dejas de preocuparte sobre lo que las otras personas piensan de tus elecciones en la vida. Pero todavía tienes que *vivir* tu vida, y esto significa lidiar con cosas que, en ocasiones, te

---

[1] Imagino que si compraste este libro con la palabra «desmadre» en el título ya estabas preparado para esto, pero estoy segura de que mi editor prefiere que nos cubramos las espaldas de forma adecuada. Gracias.

dejan sintiéndote como si te besaras con una aspiradora robótica Roomba.

Excluyendo la intervención farmacéutica (que, de nuevo, no tengo licencia para recetar, aunque la apoyo sinceramente) aquí hay tres simples aproximaciones que te podrían funcionar.

Quitar el curita

Esto es útil en situaciones donde literalmente no puedes avanzar sin tomar cartas en el asunto. Por ejemplo, si arreglar tu desmadre significa dejar a tu compañera de departamento e irte a un lugar propio donde no haya cajas de comida a domicilio utilizadas como ceniceros o tipos llamados Clint tocando el timbre a todas horas, puedes sentir cierta ansiedad de confesarle a tu mejor amiga que vas a romper el contrato, pero *tienes* que decírselo. No puedes simplemente hacer un acto de desaparición en medio de la noche y definitivamente no puedes pagar dos rentas para mantener un segundo departamento para que nunca tengas que hablar claro. Solo hazlo. La ansiedad que sientes de forma anticipada será mitigada al mil por ciento por el alivio que tendrás después en tu espacio de una habitación, libre de humo y tipos raros.

Esto también pasará

Contrario a la aproximación de Quitar el curita, aquí es cuando ignoras el problema solo lo suficiente hasta que se resuelva por su cuenta o desaparezca. No me refiero a evasión a gran escala —un mal hábito del cual hablaré en un momento— sino del valor de respirar profundo y dudar de forma prudente; tal vez un día como máximo.

Digamos que recibes un correo electrónico medio críptico de tu jefe que te pone en modo de pánico. Probablemente lo más sabio es no responder de inmediato. Concéntrate en algo más por un tiempo y es muy posible que con un poco de distancia, volverás a leer el mensaje y se revelará como totalmente inocuo. O tu jefe asomará su cabeza en tu oficina y dirá algo agradable, y tú te darás cuenta de que estabas dándole demasiado peso a su «Ven a verme cuando tengas un segundo. Gracias».

La prueba de práctica

¿La ansiedad algunas veces se manifiesta como una conversación que nunca acaba dentro de tu cabeza, en vez de tener una conversación real con la persona que la está ocasionado? Si es así, recomiendo que lo escribas en papel. Este es un método terapéutico cuya efectividad está probada, y además es divertido escribir enunciados como «Eres literalmente la peor persona que he conocido en mi vida y, si pudiera, buscaría dónde vives, esperaría hasta el invierno, me metería a tu casa y dejaría una hamburguesa de filete de pescado de McDonald's en tu radiador. Pero como no tengo tiempo para chingaderas, solo déjame decirte que lo que hiciste el pasado viernes en las clases de spinning es imperdonable y deberías estar avergonzada de ti misma, Nancy».

El acto de escribir estas cosas ayuda a liberar la ansiedad en el vacío, e incluso evita algunas confrontaciones en la vida real.

Si muero antes que él, mi esposo tiene instrucciones explícitas de quemar mi colección de libretas amarillas.[2]

---

[2] Te recomiendo que lo hagas a mano, pues está científicamente comprobado que ayuda a reducir la ansiedad. Eso también significa que no puedes enviar por accidente tus furiosas notas a cualquiera. Es muy fácil activar Gmail de la nada.

Evitar no es un juego de suma cero

Queremos limitar la cantidad de pánico inducido que experimentas, sí, pero no te queremos dejar catatónico. Mirar con los ojos en blanco tu lista de tareas pendientes no hace que los elementos en ella migren diligentemente de la página como una manada de malditos ratones. Si abusas del «Esto también pasará» (un problema más de los Alvin y Teodoros; la ansiedad de los Simones tiende a manifestarse siendo *reactivo* más que *inactivo*), puedes pensar que te estás saliendo con la tuya, pero en realidad le estás agregando cosas a tu carga general:

Evitar lavar la ropa te deja sin calzones

Evitar sacar la basura hace que tu cocina huela como pollo rancio

Evitar las conversaciones incómodas posterga su resolución

Voy a desarrollar esto último un poco más, pues es la puerta de entrada para todo tipo de problemas —como la ansiedad, el dolor de estómago y las noches sin sueño—, aunque el bote de la basura desbordándose también es la puerta de entrada para las ratas.

Así como debes consultar al mago del control de impulsos para realizar ciertas cosas, en ocasiones —o incluso a menudo— tienes que confrontar a seres humanos vivos y reales sobre las mierdas que te molestan. Tal vez seas un jefe que tiene que reprender a un empleado, o un empleado que tiene que desafiar a

---

No es fácil enviar nada a través del servicio postal, deja tú hacerlo de forma accidental.

un jefe. Tal vez seas una esposa o pareja que tenga un asunto con su esposo o pareja. Tal vez tengas que pedirle a tu madre, de una vez por todas, que deje de entrometerse en tu vida.[3]

Sin importar cuál sea el caso, es mucho mejor arreglar tu desmadre y hacerlo antes de que la **nube negra de la confrontación** haga una residencia permanente en tu cerebro, opacando todas tus necesidades, deseos y obligaciones con su sombra amenazante.

Por fortuna, las confrontaciones difíciles operan bajo el mismo principio de **anticipación vs. realidad** que discutimos cuando hablamos de prepararte para las vacaciones. La mitad de la lucha está en la anticipación, así que cuanto antes crees una estrategia, te enfoques y te comprometas a tener «la conversación», más pronto estarás cerca de la realidad, y de pronto todo terminará y no será tan malo como lo anticipabas.

> **Cómo comenzar una conversación difícil**
>
> - Haz una cita (a nadie le gusta una emboscada)
> - Practica gestos no amenazantes con las manos
> - Abre tu boca
> - Utiliza tus palabras
> - Intenta no escupirle a nadie

Por supuesto, la anticipación que viene de la alegría es una cosa, mientras que la anticipación que viene de la molestia es otra. Por lo que más quieras, permite que tu corazón se llene de anticipación cuando comiences a emocionarte por las vacaciones de primavera, las fiestas de cumpleaños o el disco navideño de *Hamilton*.[4] Exprímele a esa mierda todo lo que puedas. Pero la

---

[3] Esto no está dirigido de ninguna manera a mi madre, que tiene una carrera bastante exitosa en «no meterse en vida».

[4] Hasta donde sé, esto no es una cosa real, pero podría serlo después de que algún productor emprendedor lea este libro.

anticipación causada por tener que realizar tareas molestas es una verdadera aguafiestas, y evitar las cosas solo hace que se pudran.

Pudrir es una palabra horrible. No deberías dejar que las cosas se pudran.

LOS OTROS DESMADRES

Es cierto, tal vez soy la única persona que tiene algo contra la palabra «pudrir», pero apuesto a que cuando eras niño no debías decir «mierda» enfrente de tus padres, ¿cierto? (O, de acuerdo con algunas personas que reseñan en Amazon, tampoco deberías utilizarlo como adulto cientos de veces en tu libro). Y tampoco debías traer a casa un examen o una boleta de calificaciones con un gran cinco en rojo como símbolo de tu pobre comprensión de la trigonometría o tu incapacidad para memorizar detalles de las guerras que se pelearon 200 años antes de tu nacimiento.

Ese cinco significaba FRACASO, y se encontraba junto a otra palabra. MIEDO, en los corazones de los niños en edad escolar de todo el mundo. Olvídate de tu propio nivel de integridad personal por un momento: ¿Un cinco hacía que perdieras tus privilegios de ver televisión? ¿Que no te dieran tu domingo? ¿Que te obligaran a —horror— ir a clases de regularización en verano?

¡Inaceptable! (Y estoy segura de que había peores consecuencias/castigos dependiendo del niño al que le preguntaras y del tipo de padres que tuviera).

Bueno, no es ninguna sorpresa que esos niños que fueron criados bajo una constate amenaza del fracaso hayan internalizado esto de más. Algunos de ellos (cerca de la mitad, de acuerdo con mi encuesta) se convirtieron en adultos para quienes la imagen de un maestro se transformó en un **estigma al estilo de *La letra escarlata*.** La protagonista de esta novela de ficción,

Hester Prynne, era una atrevida chica puritana que tuvo que coser una «A» de *adúltera* en toda su ropa. Aquellos niños a los que me referí antes están contemplando la idea de una gran «F» —no en sus boletas de calificaciones, sino estampada en su pecho— para marcarlos de por vida por sus FRACASOS si no se mantienen 17 pasos por delante todo el tiempo.

Eventualmente, el *miedo* al fracaso **se vuelve tan poderoso y tan agotador como el fracaso en sí,** y puede ser paralizante. (Por no mencionar que puede arruinar un montón de camisas en perfecto estado). Al tener miedo de un mal resultado *potencial,* te ocasionas a ti mismo más sufrimiento que el mismo esfuerzo —ya sea pasar un examen, obtener un ascenso o ensamblar correctamente cualquier mueble de IKEA desde el primer intento—.

El resultado de este **röran[5] mental** te lleva a...

Parálisis de análisis

¿Alguna vez has trabajado con o para alguien que simplemente no puede tomar una decisión aunque sea para salvar su preciosa alma?

En una ocasión tuve una compañera de trabajo cuya **lista de tareas pendientes se componía completamente de evitar.** Evitaba aprobar ese plan de mercadotecnia. Evitaba firmar esa copia. Evitaba responder a esos correos electrónicos. Esa mujer no tenía su desmadre arreglado de forma muy enfática —y todos a su alrededor sufrían las consecuencias—.

Su problema no era el perfeccionismo (una batalla que discutiré en la siguiente sección); los perfeccionistas tienden a hacer, y rehacer, y rehacer las cosas, a diferencia de nunca hacerlas en lo absoluto.

---

[5] Eso significa «desorden» en el idioma de IKEA.

No era una falta de entendimiento sobre lo que el trabajo requería; había estado en la industria por bastante tiempo y era superlista.

Ni siquiera era una cosa de personalidad; era encantadora y adorable cuando lo quería, simplemente nunca «quería» devolverte las llamadas.

No, creo que su incapacidad para tomar una decisión —ya sea **enfocarse** o **comprometerse**— era por miedo. Tal vez tenía miedo a ser reprendida (aunque es muy probable que haya ocasionado más ira hacia su persona al no hacer nada, de lo que hubiera ocasionado por hacer algunas cosas mal). Tal vez temía ser despedida si tomaba *demasiadas* malas decisiones al hilo —pero, por supuesto, tienes que tomar aunque sea alguna decisión para llegar a toda esa parte de «al hilo»—.

En cualquier caso, **su estrategia —evitar las cosas— era una mierda.**

Y finalmente, temerle a todo hasta el punto de la parálisis la perjudicó: además de recibir muchos mensajes de voz diciéndole que la odiaban, la terminaron *despidiendo*. No resultó bien.

LA LLAMADA VIENE DESDE ADENTRO

No tener tu desmadre arreglado es autosabotaje puro y simple. ¿Le perdiste la pista a tus llaves, teléfono y cartera? Genial. Ahora estás encerrada, incomunicada y sin dinero. Haz lo mismo con tu mierda metafórica y es probable que pierdas incluso más: oportunidades, amigos, respeto y el juego de la vida por completo.

Muchas personas permiten que el miedo las ponga a la defensiva. Como resultado, pierden de vista su objetivo y el camino que se requiere para llegar ahí. La estrategia sale volando por la ventana. El enfoque cambia a «todos los demás» en vez de «a mí». Y el único compromiso que pueden mostrar es para crear excusas sobre su comportamiento en vez de cambiarlo.

Pero, en la mayoría de los casos, el mundo no está ahí para cacharte. TÚ estás ahí para cacharte. Parafraseando a los Beastie Boys: estás planeando algo que es un espejismo, y estoy tratando de decirte ahora que eso es un autosabotaje.

Franklin D. Roosevelt alguna vez dijo: «Lo único que debemos temer es el temor mismo». Yo agregaría a los perros rabiosos, el paracaidismo y el cáncer, aunque yo en lo personal no le temo al fracaso. Pero para todo los que sí, como lo dije anteriormente, hay muy pocas situaciones en las que alguien moriría porque tú tomaste la decisión equivocada. No seas tan alarmista.

Y si eres una persona común que toma decisiones comunes, apuesto que ninguna de ellas es tan crítica como para mantenerte despierto toda la noche en tu máquina de coser virtual bordándoles una «F» a tus blusas.

En vez de eso, yo sugiero que te bordes una «A», ¡no de adúltero, sino de aceptación!

Cuando **aceptas que el fracaso *es una opción,*** lo llevas del reino de la anticipación —que induce a la ansiedad: a la realidad con la que tendrás que lidiar cuando (y, más importante, SI ES QUE) sucede—. Tu energía se gasta mejor si logras objetivos en el aquí y ahora que si te preocupas sobre el fracaso de forma abstracta. Y si fracasas no es el fin del mundo, a menos de que tu función fuera advertirnos sobre el asteroide destructor del mundo que mencioné antes.

El fracaso es simplemente una cosa que sucede. Algunas veces tú mismo lo ocasionas, como cuando vas al festival Burning Man sin el protector solar adecuado ni toallitas húmedas. En otras, solo sucede, como cuando te especializaste en Astronomía sin saber que el asteroide 4179 Toutatis iba a chocar con el planeta que estás vigilando. No puedes ganar todas las batallas.

En otras palabras: para arreglar tu desmadre, necesitas **dejar de que te importe una mierda el fracaso.** Lo cual es una excelente forma de utilizar la palabra «mierda», déjame decírtelo.

> **Cosas a las que es más sano temerles que al fracaso**
>
> - Tiburones
> - Ladrones
> - Andamios
> - Sapos venenosos
> - El control republicano en el Congreso de EE. UU.
> - Terceros pezones

DILE NO A SER PERFECTO

Si bien la evitación y el miedo al fracaso se pueden aplicar a todos los tipos de ardillas,[6] el perfeccionismo es, creo, más común en los Simones. Hay algunos Alvin especialmente quisquillosos, pero francamente deben priorizar «hacer las cosas» antes de llegar al «hacerlas a la perfección», ¿no crees?

Para los Simones, la perfección es un faro luminoso y brillante hacia el que deben marchar con anhelo y propósito si en verdad quieren ganar en la vida. Pero, de hecho, la perfección es una ilusión, un resplandeciente oasis en el desierto de sus mentes. Como intentar ponerte a dieta para quedar como Sofía Vergara,

---

[6] Ahora me estoy imaginando una sala de juntas llena de ardillas, lo cual es muy lindo.

intentar mantener el perfeccionismo es una estrategia contraproducente.

Por eso vengo hoy a decirles que:

Mi nombre es Sarah, y **soy una perfeccionista en rehabilitación.**

Sí, es verdad. Soy una adicta grado A, que lucha constantemente contra la necesidad de rehacer la misma mierda una y otra vez hasta que esté PERFECTA. Este comportamiento poco saludable siempre será parte de mí, y cada día es una batalla para no ceder ante él.

¿Te suena conocido? Si es así, considera estas cosas que es posible realizar cualquier día.

- ✔ Escribirle un memo a tu jefe.
- ✔ Recoger la ropa de la tintorería.
- ✔ Diseñar una invitación de *baby shower* para tu amiga, limpiar tu departamento para la próxima visita de tus padres y hacer una reservación en el restaurante de mariscos favorito de tu papá (a ese hombre le encanta comer un buen trozo de pescado).

Ahora, digamos que te tomó la mayor parte del día, pero terminaste el memo. Perdiste al menos una hora borrando y volviendo a poner puntos y comas, pero eso es parte del camino, ¿cierto? ¡Todo mundo hace eso! (No, no lo hace).

Sacaste tu ropa delicada del gancho justo antes de que el dependiente de la tintorería volteara el letrero de la ventana a «CERRADO», pero eso implicó que cargaras una bolsa de ropa mientras inspeccionabas tres papelerías distintas para comprar el papel para la invitación del *baby shower*. Las dos primeras tiendas tenían azul, pero no el tono «mallas de Superman» que te dictaba el corazón. Finalmente encontraste *ese*, corriste a casa, te echaste un taco y comenzaste a buscar fuentes tipográficas.

«Ah, esa me gusta. Pero ¿y si hay una forma de quitarle los remates a la primera letra de cada línea... y luego poner en letras mayúsculas la hora y la fecha... y utilizar la versión script de esa otra fuente para el símbolo de "&" porque si está ligeramente inclinado se ve como una cigüeña... y...»

Eh, oye, ¿no puedes dejas de hacer cambios? Sí, bienvenido al club.

Cambia.

En algún punto, el tiempo y la energía que has invertido en cualquiera de estos elementos de tu lista de tareas imprescindibles alcanzará una **masa crítica,** y cuanto más ocupes intentando que algo esté perfectamente perfecto, menos tiempo tendrás para el resto. De pronto —a pesar de tus mejores intenciones— **en vez de tener tu desmadre arreglado, tu día completo se habrá ido a la mierda.** Será demasiado tarde para aspirar o tu vecino de abajo se quejará, y el restaurante de mariscos acaba de servir sus últimas tres langostas del sábado por la noche. A este ritmo, tu mamá estará blanqueando tu baño mientras tu papá come comida de microondas y probablemente derramarás salsa tártara en tu blusa recién lavada, solo para tener una buena dosis de horror.

Dime, Simón, alguna vez escuchaste el dicho: «¿No dejes que lo perfecto sea enemigo de lo bueno?» Pues bien, en nuestro caso, **no podemos dejar que lo perfecto sea enemigo de ganar.**

Piénsalo por un minuto. Incluso los ganadores más grandes y celebrados rara vez son perfectos. El objetivo de un gimnasta competitivo puede ser alcanzar el «10 perfecto», pero eso casi nunca sucede (en especial con el nuevo sistema de puntaje, que parece estar diseñado para conducir a esos pequeños Simones en leotardo a tomar *shots* de vodka en la barra de equilibrio).

Y si alguno de esos resortes humanos puede ganar una *medalla olímpica* sin ser perfecto, entonces tú sin duda puedes ganar en tu propia maldita vida.

Se los digo, chicos, no se enganchen con la perfección. No es la forma de vivir su vida.

DOCE PASOS PARA VENCER EL PERFECCIONISMO

1. Admite que, a diferencia de los Delfines de Miami en 1972, eres impotente ante la perfección.
2. Cree que un poder más grande que tú puede ayudarte a restaurar tu cordura.
3. Toma la decisión de entregarle tu voluntad al cuidado de una mujer que maldice mucho.
4. Haz un temerario inventario de tu lista de tareas pendientes y luego redúcela despiadadamente a una lista de tareas imprescindibles. Luego sal a comer helado.
5. Confiesa la naturaleza exacta de tu perfeccionismo, pero no seas tan exacto.
6. Prepárate para desterrar casi por completo el perfeccionismo de tu vida.
7. Pregúntale con humildad a alguien más si, de hecho, estás siendo ridículo.
8. Haz una lista de las personas que lastimaste por tus tendencias perfeccionistas y disponte a disculparte por ser un maldito rigorista.
9. Haz enmiendas directas, excepto cuando tenías toda la razón de ser rigorista porque, de lo contrario, tu equipo nunca hubiera ganado el Concurso Internacional de Esculturas de Arena en Vallarta el año pasado.
10. Continúa haciendo un inventario de tus acciones y haz una nota mental cada que el mundo no se acabe porque fallaste en ser perfecto.

---

11. Mejora tu comprensión consciente para que te importen menos madres y puedas arreglar tu desmadre, refiriéndote según sea necesario a las «biblias» en estos campos.

12. Lleva este mensaje a otros perfeccionistas; solo no seas un cretino insufrible al respecto.

SE SOLICITA AYUDA

Para este momento, espero que todas mis ardillas se sientan optimistas. Que su capacidad para arreglar su desmadre sea inversamente proporcional a las páginas restantes, y que estén pasando un dedo cubierto con un guante blanco por todo ese polvo mental que tenían acumulado como si fueran la maldita Mary Poppins. Los Simones probablemente estarán trabajando en los 12 pasos y luego inventando nuevos ejercicios de respiración profunda porque no pueden evitar ser como son, pero aun así, es un progreso.

Casi estamos listos para descubrir lo que el otro lado tiene que ofrecer, pero —y quiero ser completamente honesta con ustedes— todavía no hemos llegado al fondo del barranco de los desmadres profundos. Para esto les preparé una visita guiada especial. Les voy a contar sobre la vez que **tuve que arreglar mi desmadre en un nivel psicológico intensamente profundo,** uno que hizo que renunciar a mi trabajo y llenar tablas en mi refrigerador pareciera un poco banal en comparación.

Espero que esta historia le hable a cualquier lector —Simón o no— que atraviese algo similar.

Para poder contar esta anécdota de forma adecuada, me tengo que poner un poco más seria, lo que significa hacerle pausa a mis juegos de palabras traviesos y mi humor escatológico por, como... cuatro páginas. ¿Me lo permiten? Prometo que volveremos a nuestra programación regular de tonterías en un instante.

De veritas se los juro.

El caso de la chica desaparecida

Yo era lo que podrías llamar una niña gordita. También era inteligente y divertida y capaz de memorizar «We Didn't Start the Fire» en su totalidad, pero mis compañeros de clase se concentraban principalmente en que estaba gordita. Hubo un montón de burlas y al menos una excursión a la playa que dejaron cicatrices permanentes en mi joven y frágil psique. Para cuando llegó el momento de entrar a la secundaria, yo no quería nada más que danzar hacia el primer año con una nueva oportunidad de vida y unos pantalones deslavados talla cuatro.

Así pues, como buen Simón en ciernes, me motivé y me puse a trabajar.

A los 13 años, hacer una dieta a través de un estricto control de calorías era lo más fácil de mundo; mi metabolismo todavía no se había tomado una jubilación anticipada y los kilos se desvanecieron de inmediato.

Pero el conteo obsesivo de calorías finalmente (algunos dirían «predeciblemente») me llevó directo hacia el camino de la anorexia: una naranja pelada lentamente para el almuerzo, la cena medida en incrementos de media taza de arroz y pollo. De hecho, en realidad solo comía la cena para mantener las apariencias con mi familia. Si en ese entonces hubiera podido evitar ingerir comida, lo hubiera hecho.

Podrían decir que tenía excelente fuerza de voluntad.

Al final, estaba oficialmente delgada y me sentía confiada con mi cuerpo por primera vez en mi vida, pero una vez intensa, siempre intensa. ¿Qué pasaría si pudiera descifrar la fórmula para volver a disfrutar de una deliciosa comida en mi boca, pero sin aumentar de peso? ¡Brillante! Seguramente yo fui la primera persona en pensar en tragarse la cena y luego regurgitarla como una mamá pájaro, pero sin los polluelos hambrientos.

Pronto fue «Mira cómo me como esta hamburguesa con queso. No pasa nada, amigos. Sigan su camino [mientras vomito en el baño o, a veces, al lado de la carretera cuando salgo a correr]». Graduarme de la anorexia para entrar en la bulimia me mantuvo delgada, pero sin importar cómo me sentía *sobre* mi cuerpo, a estas alturas, mi cuerpo en sí se sentía bastante asqueroso.

Tenía la garganta adolorida, ojos hinchados, y todo el tiempo tenía la boca seca. Como no digería ningún nutriente, estaba anémica, lo que significaba que tenía que tomar pastillas de hierro que me hacían eructar de forma incontrolable todo el día. Me transformé de una chica gordita a una demacrada adolescente de 45 kilos con un hábito de eructar bastante atractivo. (En un giro doblemente *irónico,* las pastillas de hierro me daban náuseas, a menos de que las tomara con algo de comida).

Pero los detalles escabrosos sobre un trastorno alimentario no son el concepto que quiero destacar. Sino **cómo encontré el camino para salir de eso.** Espero poder ayudar a personas con problemas similares, así como en un contexto más general.

Toda persona que haya tenido comportamientos autodestructivos de cualquier tipo reconocerá el **sentimiento de *saber* que lo que estás haciendo es poco saludable e insostenible, pero también la impotencia de no poder cambiarlo.** Todo el día, todos los días, un momento de «Oh, mierda» tras otro. Tu cerebro se abarrota tanto que no puedes localizar la alegría, deja tú acceder a ella. Está enterrada muy, pero muy profundo.

A los 16 años realmente no entendía el concepto de contratar a un profesional para arreglar lo que estaba mal conmigo, ni tampoco tenía los medios para hacerlo. Pero sabía que necesitaba ayuda. Decidí que la mejor manera de ponerle un alto a mi comportamiento era contarle a mi madre lo que sucedía conmigo —confesar mi problema, y sentirme responsable ante ella en vez de ante mí misma—. Era la estrategia de «¿Quién te crió?» en su forma más pura.

La primera tarea pequeña y manejable era decir las palabras: «Necesito ayuda».

Escogí una noche en la que estaríamos solas en casa, me senté frente a ella en el sillón de la sala y escupí la verdad. Fue un momento de compromiso lleno de nervios y miedo, y luego... se acabó. Todo el desorden que había apilado, amontonado y cubierto con polvo por AÑOS se vino abajo, liberado por una frase de dos palabras.

La conversación que le siguió fue tan racional como la que yo tenía dentro de mi cabeza, pero de alguna manera se sintió más real. Hablar con otro ser humano suele hacer eso. Y justo como lo esperaba, tener a mi mamá de mi lado me dio un nivel de responsabilidad que me faltaba, y fue la cosa que finalmente me motivó a mejorar. Es como cuando las personas se comportan de forma distinta cuando saben que hay una cámara —usé la lente de la preocupación y el juicio de otra persona como si fuera mío, y cuando estaba tentada a recaer, recordaba que ella estaba al pendiente—. Pensaba en lo triste y decepcionada que se sentiría de saber que me estaba haciendo daño a mí misma, y pensaba en lo feliz que se pondría de saber que yo mejoraba.

Así que sí, la limpieza mental usualmente es una misión solitaria, pero no tiene por qué serlo. **Si estás batallando al punto de que ninguna combinación de estrategia, enfoque y compromiso puede mantener la tormenta de mierda a raya, está perfectamente bien traer refuerzos.**

Algunos de ellos tienen talonarios de recetas, otros solo quieren cuidar de tus intereses porque te quieren.

¿QUIERES HACER GRANDES CAMBIOS DE VIDA? NO VEAS EL PANORAMA COMPLETO

Es posible que te sorprenda la frecuencia con la que miro hacia atrás a los tiempos poco saludables/infelices de mi vida. No es porque disfrute regodearme en lo que queda de mi angustia adolescente ni porque extrañe mi vida corporativa SIQUIERA UN POCO, sino porque atravesar esa etapa me enseñó que cuando pongo mi mente en algo, no importa lo grande que sea, puedo hacer que suceda.

Algunas trampas en el juego de la vida —como el pobre manejo del tiempo, las distracciones y el miedo al fracaso— son identificables. Los métodos para contrarrestarlas o evitarlas son simples; para ahora, ya deberías poder crear una estrategia como Garry Kasparov y enfocarte con una mano atada a la espalda (necesitas la otra para sostener tu teléfono).

El acto de comprometerte en verdad es lo más difícil, pero cuando lo deseas lo suficiente —como yo he deseado querer estar saludable y feliz en varias ocasiones de mi vida—, es absoluta y positivamente cien por ciento factible.

Porque los grandes cambios de la vida se realizan en tareas pequeñas y manejables.

Te lo he estado diciendo todo este tiempo.

Así como lo harías si tuvieras que pintar un intrincado dibujo de un libro con cuatro unicornios retozando en un prado de flores silvestres, tienes que comenzar por algún lado. Tal vez por las pezuñas.

Mudarte al otro lado del mundo o al otro lado del país, o incluso al otro lado de la calle, no sucede en un abrir y cerrar de ojos. Comienza con la motivación, continúa con la etapa de crear objetivos, luego pasa por la estrategia y así. **Un poco a la vez.** De pronto ya tienes un flanco del unicornio y unos cuantos narcisos terminados, y con ellos llega más claridad del propósito y el método.

En definitiva sigues queriendo mudarte a San Diego, sabes qué vecindario te gusta y ya tienes el presupuesto, ¿cuál es el siguiente paso? ¿Buscar *roomies* en Craiglist? ¿Llamarles a corredores de bienes raíces? Sin importar lo que sea, encuentra tiempo para enfocarte, comprometerte y tacharlo de tu lista. Una pezuña tras otra hasta que todos los espacios en blanco estén llenos (incluyendo los formularios de cambio de domicilio, que son un verdadero dolor de cabeza, déjame decírtelo).

O digamos que, cuando te miras al espejo todos los días, ves a una versión 25 años menor de tu mamá en camino hacia una cirugía de bypass cuádruple y un botiquín lleno de pastillas para la presión arterial. La buena noticia es que tienes un cuarto de siglo para cambiar el curso de las cosas, pero la realidad es que todo sucede en un día. Incluso en un segundo, el segundo en el que piensas: «el strudel me gusta». Y cada segundo que pasas sacrificándote para no comerte un buen pedazo de strudel es un segundo menos entre tú y esa enfermera de urgencias con las manos extremadamente frías. Esa mujer es como un yeti.

¿Y esa gran franja de pradera? Es tu compromiso con un régimen de ejercicio semanal. Todo verde. Rellénalo.

Y no quiero sonar inexplicablemente sensible aquí, pero los mismos principios son ciertos para los desmadres profundos y para hacer cambios importantes dentro de ti. Sentirte más confiado contigo mismo o ser menos perfeccionista puede sonar como algo difícil, pero si dejas que la percepción de la enormidad de los cambios no te deje ni siquiera comenzar, no llegarás a ningún lado. **Hecho comprobado: no puedes terminar algo que nunca comenzaste.** Las relaciones prosperan con un gesto a la vez. Las adicciones se superan un día a la vez. Y los unicornios son solo caballos si nunca coloreas sus cuernos.

Tu objetivo —el panorama general— se revelará incluso si pintas fuera de las líneas o si utilizas un color poco convencional. El efecto general puede ser un poco diferente para ti que para tu primo Juan, pero estás ahí para ganar en tu vida, no en la suya.

Por supuesto, **no estoy diciendo que deberías hacer grandes cambios solo por el gusto de hacerlos.** Tal vez ya estés ganando en *tu* vida desde que te encargaste de los desmadres pequeños. Pero si lo que realmente necesitas para ser feliz es modificar de forma radical algún aspecto de tu existencia —ya sea tu localización geográfica, tu cuerpo o tu mentalidad—, **te *aseguro* que esos cambios están ahí para que los hagas.**

Y solo para asegurarme de no perder a nadie en los desmadres profundos, demos un paso hacia atrás para ver cómo un montón de cambios pequeños pueden sumarse para ganar.

> **Actualización sobre mis ejercicios de estiramiento, día 30**
>
> Esta mañana descubrí que puedo estirarme sin salir de la cama. ¡Me cambió la vida!

LOTERÍA

Aunque todavía no lo ha publicado en un libro, mi amigo Joe tiene su propio sistema para arreglar su desmadre. Hace mucho tiempo decidió que si hace dos de estas tres cosas en el día, gana en la vida.

✔ Usar hilo dental.

✔ Hacer ejercicio.

✔ Abstenerse de tomar alcohol.

Si las hace todas, eso es estupendo, pero con solo dos es suficiente para pasar. Dale una pulidita a tu dentadura por la mañana y ya estarás listo para una sesión de jaiboles después del trabajo. ¿Te saltaste el ejercicio? No te preocupes, solo cuida tus colmillos y mantente sobrio por el día. Funciona para él y yo lo respeto. De hecho, lo respeto tanto que adapté su práctico truco de vida a uno de mi autoría. Lo llamo LOTERÍA. Puedes recortarlo y llevarlo en tu bolsillo, lo que, me complace decir, llevaría la idea de «jugar contigo mismo» a otro nivel.

Cada recuadro de la tabla de LOTERÍA representa uno de estos pequeños pasos hacia tener tu desmadre arreglado:

✔ Ahorrar o no gastar dinero.

✔ Llegar a tiempo.

✔ Avanzar un paso hacia un objetivo.

✔ Priorizar.

✔ Controlar un impulso.

✔ Delegar.

✔ Ser egoísta (en el buen sentido).

✔ Ejercer fuerza de voluntad.

✔ No perder la cabeza.

✔ No ser un cretino insufrible.

Los conceptos están repartidos de forma aleatoria, pues no tienes que hacerlos todos en un mismo día, tampoco en una misma semana. Pero si haces los *suficientes* cada día o cada semana, puedes conseguir al menos una LOTERÍA para finales del mes —o tal vez varias—. ¡Un aplauso para las actividades divertidas e interactivas!

LOTERÍA GYST

D	L	M	M	J	V	S
Ahorrar	Avanzar	Llegar a tiempo	No perder la cabeza	Priorizar	Delegar	Controlar impulso
Llegar a tiempo	Delegar	Ser egoísta	Ahorrar	No ser cretino	Avanzar	Priorizar
Avanzar	Fuerza de voluntad	Priorizar	No ser cretino	Delegar	Fuerza de voluntad	Ser egoísta
Priorizar	Ser egoísta	Avanzar	✿	Llegar a tiempo	No perder la cabeza	Ahorrar
Delegar	Llegar a tiempo	No ser cretino	Fuerza de voluntad	Avanzar	Controlar impulso	No ser cretino
Controlar impulso	Priorizar	Fuerza de voluntad	Avanzar	Ser egoísta	Ahorrar	Llegar a tiempo
No perder la cabeza	Controlar impulso	Delegar	Ser egoísta	Ahorrar	Llegar a tiempo	Avanzar

Ahorrar o no gastar dinero — Delegar

Llegar a tiempo — Ser egoísta (en el buen sentido)

Avanzar un paso hacia un objetivo — Ejercer fuerza de voluntad

Priorizar — No perder la cabeza

Controlar un impulso — No ser un cretino insufrible

SÉ LO QUE ERES, PERO ¿QUÉ SOY YO?

El final está a la vista, mi gente. Ya casi lo consiguen. Están tan cerca, de hecho, que ya llegaron a la sección diseñada para aquellos que se siguen lamentando sobre su vida a pesar de que ya leyeron todo el libro, pero parece que todavía no logran hacer nada al respecto. ¿Por qué? Porque todavía les falta identificar que *su propio comportamiento* es lo que ocasiona sus problemas. Estas personas no son tontas ni ignorantes; **solo no están muy conscientes de sí mismas.**

Pssst... «ellos» podrían ser «tú» sin problemas.

Está bien, no todos nacieron con el gen para notar cuando «Están **siendo ridículos y deberían hacer un balance y asumir la responsabilidad de sus elecciones de vida**». Pero si no puedes tomar conciencia sobre tus propias acciones, es mucho más difícil arreglar tu desmadre que si te miras al espejo y dices: «Vaya, la forma en la que estoy haciendo las cosas no está funcionando por obvias razones. Honestamente, estoy perdiendo en el juego de la vida y es mi culpa».

Así que, por fin, esta es la parte del libro en la que **me pondré prejuiciosa.**

Y tú también.

La última pregunta de mi encuesta era «Nombra algo que las OTRAS personas hacen de forma regular y te hace pensar que no tienen su desmadre arreglado». Algún día actuaré toda la lista de respuestas, tal vez como un espectáculo de una sola mujer titulado: *Monólogos para arreglar tu desmadre*.

Por ahora, sin embargo, solo las utilizaré como inspiración. El siguiente es un divertido ejercicio diseñado para ayudarte a ganar en la vida al identificar los malos comportamientos de otras personas y aprender de ellos. En ocasiones tienes que disfrutar de la desgracia ajena para darte cuenta de que «Oh, mierda, yo también hago eso».

Funciona así.

✔ Te voy a poner una lista de quejas tomadas directamente de las respuestas de mi encuesta.
✔ Vas a hacer coincidir cada queja con una persona de tu vida que es culpable de este comportamiento.
✔ Pensarás en lo *obvio* que es que estas personas se están enganchando en el autosabotaje, murmurarás «arreglen su desmadre» mientras niegas con la cabeza y continuarás hasta completar la lista.

Diviértete, no se lo diré a nadie.

_____ es demasiado desorganizado.

_____ eternamente llega tarde.

_____ dice «así soy yo» como si fuera una excusa válida para siempre llegar tarde.

_____ nunca puede mantener una promesa.

_____ está en una mala relación.

_____ es demasiado irresponsable con el dinero.

_____ siempre habla de empezar una dieta o un programa de entrenamiento pero nunca les da seguimiento.

_____ está totalmente paralizado por la perfección, nunca logra completar nada.

_____ deja todo hasta el último minuto, y luego hace una mierda de trabajo.

_____ es imposible aterrizarlo/nunca se compromete con nada.

_____ se la pasa gastando el dinero que no tiene y por eso siempre está en bancarrota.

_____ se queja de su trabajo constantemente pero nunca busca uno nuevo.

_____ nunca se cuida a sí mismo y se pregunta por qué se siente horrible todo el tiempo.

_____ tiene una casa muy desorganizada y es básicamente un reflejo de su vida.

_____ está tan abrumado, que sería cómico si no fuera tan triste.

_____ es terrible para responder correos electrónicos; es como si se fueran a un hoyo negro.

_____ hace lo mismo una y otra vez esperando resultados diferentes.

Ahora te toca pararte frente a un espejo y, en vez de recitar en voz alta el nombre de tu amigo (o miembro de tu familia, colega, vecino, conocido), lo vas a sustituir **CON TU PROPIO NOMBRE.**

Cada que experimentes una punzada brutal de reconocimiento, bueno, eso es la autoconsciencia. Circula esas respuestas. Medita sobre ellas. **Llega al punto de autoconsciencia que te gustaría ver** en tus amigos/familia/colegas/vecinos/conocidos.

Felicidades, _____, ya estás un paso más cerca de ganar en la vida.

ARREGLA TU DESMADRE, PAM

De cientos de respuestas en mi encuesta, esta fue mi favorita: «Cuando se trata de mantenerse en relaciones poco saludables, mi amiga Pam[29] es la reina del drama. Siempre digo que cuando la vida le da limones, ella va a la tienda y compra más».

HOLA DESDE EL OTRO LADO

P: ¿Qué tienen en común los adictos en recuperación con las personas que solamente comen alimentos crudos y los cristianos evangélicos?

R: Siempre te están diciendo lo bien que se sienten.

Ya sea con un monólogo en las cenas entre amigos o sentándose demasiado cerca de ti en el autobús de la ciudad, estas personas

---

[7] Este nombre fue cambiado para proteger a la no-Pam.

parlanchinas quieren que sepas que sus vidas son infinitamente mejores ahora que dejaron la heroína, incorporaron en su dieta el gazpacho y le dieron la bienvenida a Jesús en sus corazones. Prácticamente brillan desde su interior. A ti de alguna manera se te antoja darles una patada en la espinilla, pero ¿sabes qué? Ellos están ganando. Podrías ser TÚ el de los nuevos dientes postizos, los movimientos regulares en el intestino y la sonrisa beatífica.

Tal vez eso no sonó como lo esperaba.

Lo que digo es que sus desmadres no tienen que ser iguales a tus desmadres, pero **el principio es el mismo: si te deshaces del fastidio, llega la alegría.** Incluso si no estás de acuerdo con las elecciones de vida de estos tipos, *créeles* cuando te dicen lo mucho que mejoró todo ahora que tienen su desmadre arreglado.

Durante mucho tiempo cometí el error de no creerles por completo a las personas (en mi caso, a las que trabajaban por su cuenta, incluyendo a mi *esposo*) que me decían que era posible no solo vivir con un estilo de vida diferente, sino prosperar mientras lo haces. Estaba segura de que, aunque estaba infeliz con mi existencia actual, tirar la toalla solo empeoraría las cosas. Tenía aversión al riesgo, y todos aquellos que llenaron mi encuesta también lo tienen.

Obtuve respuestas como:

- ✗ «Estoy estresado y agotado en el trabajo, y no puedo tener pausas/vacaciones/tiempo libre. Odio todo lo que esto involucra y esto ocasiona que deteste mi vida, pero no puedo asumir el riesgo de dejarlo todo».
- ✗ «Quiero terminar mi relación con mi trabajo actual pero llevo mucho tiempo con él y no tengo otro romance por ahí».
- ✗ «He intentado dejar mi trabajo desde hace 11 años».

Bueno, en parte gracias al poder del pensamiento negativo, un día mi situación laboral —que se veía bastante similar a estos ejemplos— se volvió insostenible, y algo tuvo que cambiar. **La molestia sobrepasó tanto a la alegría que *tuve* que tomar acciones.**

Ya que estaba del otro lado, a la única persona que quería patear en la espinilla era a mí misma, POR NO HABER ARREGLADO MI DESMADRE ANTES.

Ahora dime, ¿tu disgusto se sale de proporción? ¿No estar en quiebra, gorda y en caos (o atrapada en un callejón sin salida en tu trabajo, o ansiosa todo el tiempo, o sin papel de baño de forma constante) es un objetivo que no puedes abordar?

Lo he dicho antes y lo repito ahora: no sé nada de tu vida. No puedo establecer los objetivos por ti. Pero puedes lograrlos, una tarea pequeña y manejable a la vez. **Llaves, teléfono, cartera.**

Y si todavía te tienta la idea de darle la vuelta a un trabajo, a una relación o a una vida que odias, bueno, considérame la Cher de tu Nicolas Cage cuando digo: «Reacciona».

Créeme, vale la pena llegar al otro lado. Acércate. Sabes que quieres hacerlo.

EPÍLOGO

Muy bien, ardillas, aquí estamos. Es el último estirón. La cuenta final. La cereza del pastel. ¡Lo hicieron muy bien! Tengo una última bellota de conocimiento para compartir y después ya pueden juntar sus llaves, sus teléfonos y sus carteras metafóricos y marcharse en paz.

Este es el asunto: la vida es un desmadre. Yo lo sé y tú lo sabes. No engañamos a nadie con la idea de que un pequeño libro de «ayúdame a ayudarte» alterará el rumbo del universo. Incluso para mí, una persona ávida por crear estrategias, con un montón de enfoque y ningún problema para comprometerse, me suceden mierdas.

Y tal vez sería bueno que reserves un poco de tiempo, energía y dinero para estos escenarios, solo por si acaso.

¿Recuerdas esa casa del Caribe? Bueno, pues la construimos y está maravillosa, así que mi esposo y yo vendimos el departamento y nos mudamos a República Dominicana. Vivimos ahí felizmente por tres meses, con arañas gigantes y todo. Recibimos a amigos y familia, caminamos por la playa, inventamos la receta del coctel de la casa (analgésico congelado, en caso de que te lo preguntaras). Incluso nombramos a nuestras lagartijas —entre ellas, Lagartija Khalifa, senadora Lagartizabeth Warren y Jim Morrison. Todo estaba bien con el mundo.

Luego regresamos a Nueva York para poder resolver unos últimos negocios y completar así nuestro objetivo de mudarnos a la isla de una vez por todas.

Luego tuve la idea de escribir este libro, y luego se la vendí a mi editor, y luego lo tenía que terminar en 10 semanas. «No hay problema —pensé—. Arreglaré mi desmadre y lo escribiré. Es decir, ¿dos meses y medio? ¡Eso es una eternidad comparado con la fecha límite del año pasado! Un juego de niños».

Excepto por el hecho de que el año pasado tenía un departamento en el que vivir mientras escribía. Este año, había vendido ese departamento para perseguir mi sueño de mudarme a una isla tropical, pero las circunstancias exigían que yo saliera de esa isla y estuviera a corta distancia de cosas como «los clientes de mi esposo» y «un servicio de correo confiable» por algunos meses, lo cual terminó coincidiendo con mi tiempo de escritura.

«No hay problema —pensé—, encontraremos un departamento, me instalaré con mi computadora portátil y mi cargamento de Cocas light y estaré lista».

Solo que ese pequeño plan no funcionó muy bien. Saltamos como hipsters gitanos de un Airbnb a casas de amigos en Brooklyn y Nueva Jersey, al departamento de mis suegros, a la casa de mis papás en Maine (escribir libros con groserías desde tu cuarto de infancia es una buena manera de pasar el verano). Enjabone, enjuague y repita. Empacaba y desempacaba nuestras maletas de forma diligente cada ciertos días, tomaba en cuenta los cada vez más onerosos «días de mudanza» dentro de mis tiempos para escribir y mantenía el conteo de palabras al corriente todo el tiempo.

Pero el desorden mental comenzaba a mudarse lentamente a mi cerebro, de la misma forma en que mi exceso de equipaje ocupaba espacio en los sótanos de mis amigos.

Traté de contenerlo. Hice un par de respiraciones profundas, me entregué a mi nuevo hábito de estiramientos sin importar dónde estuviera y prioricé el «autocuidado» en forma de pizza y pedicuras. Escribía y empacaba, y escribía y empacaba.

El final estaba cerca.

En el último trecho de nuestro Tour de dormir por todas partes de 2016 reservé otro Airbnb pensando en que me ayudaría a atravesar los últimos días de la fecha de entrega, y para que mi esposo pudiera completar sus negocios pendientes, y después de eso podríamos cabalgar hacia los atardeceres más hermosos del mundo como recompensa por hacer nuestros trabajos bien y ganar en la vida.

No quiero lanzar acusaciones contra las amables personas que nos rentaron ese espacio, pero su departamento no era... de nuestro agrado. Hay gente que puede vivir con humedad perpetua, en un espacio que huele a moho y con una nube de moscas de la fruta como amable compañía. Yo no soy una de ellas. Los ventiladores de techo que nos instaron a «dejar prendidos todo el tiempo» (para combatir la humedad, asumo) producían un zumbido que rápidamente me hizo sentir como en el cuento de *El corazón delator*, mientras estaba sentada debajo de ellos tratando de terminar este libro. No había una cafetera. La gota que derramó el vaso fue una especie de ciempiés que encontré en el cajón cuando intentaba buscar plástico autoadherente para crear una trampa para las moscas de la fruta. Si voy a vivir entre fauna con múltiples piernas, más vale que lo haga en un oasis tropical, *no* en un sótano de Brooklyn.

Me gustaría decirles que manejé esta situación con gracia y aplomo. Lo que realmente sucedió fue que me derrumbé y lloré en la cama por media hora mientras mi esposo reservaba un cuarto barato en un hotel lindo en la aplicación de Hotel Tonight (Dios te bendiga, aplicación de Hotel Tonight). Él me guió para que agarrara mis cosas del baño y pijamas, y me apuró para que nos saliéramos de esa sauna que rentamos para irnos a pasar una noche restauradora en un lugar cuyas sábanas olían bien, con un aire acondicionado de alto rendimiento y con una adorable máquina de café Keurig para ayudarme a darle la bienvenida a la mañana.

—Lidiaremos con las consecuencias mañana —me dijo—. Por ahora, duerme un poco —pequeñas y manejables tareas, de hecho.

«Aleluya —pensé—. Al menos uno de nosotros tiene su desmadre arreglado».

Pero de nuevo, él podría decirles que aprendió todo esto al verme.

AGRADECIMIENTOS

Como ya lo saben, la mayor parte de este libro se escribió mientras mi esposo y yo estábamos entre casas, por lo que primero que nada quiero agradecer a los amigos y la familia cuya hospitalidad y cuartos extra nos ayudaron a pasar el verano, y me ayudaron a mí a alcanzar mi fecha límite de entrega.

Gracias a:

Lesley, Cody, Violet, Hayley y (dentro del útero) Knox Duval, que fueron los primeros en aguantarnos y en realidad nos aguantaron varias veces hasta que todo estuvo dicho y hecho.

A Ann y Steve Harris —extraordinarios suegros—, que nos ofrecieron su departamento sin dudarlo, y Michael Harris, que nos proveyó de apoyo moral y conocimiento exhaustivo sobre restaurantes con servicio a domicilio en el Upper West Side.

A David Joffe, Katrinka Hrdy y Mack Hrdy Joffe, que nos dieron la bienvenida con sus clásicos brazos abiertos y sus sonrisas traviesas.

A Steve, Holly y Gus Bebout, que en definitiva deberían cobrar más por el Retiro para Escritores de Rocky Point.

A Tom y Sandi Knight, mis padres, cuyo apoyo lo expresan de forma constante al dejarme en paz para que pueda trabajar, y luego me alimentan con deliciosos camarones y abriendo otra botella de vino.

Al par de anfitriones de Airbnb que recibieron con gracia nuestro dinero por semanas. En ese sentido, solo la mitad del tiempo nos fue bien, pero no importa.

Y luego está la gente que me ayudó a que *La magia de mandarlo todo a la mierda* sucediera, *dos veces*.

Gracias a mi agente, la brillante, elegante y persuasiva Jennifer Joel, quien aunque siempre tiene demasiados correos electrónicos en su bandeja de entrada, nunca deja de responder los míos. Sus colegas de ICM, incluyendo a Sharon Green, Liz Farrell y Martha Wydysh, son unas balas.

Y gracias a mi editor, Michael Szczerban, cuyo talento para editar poesía solo rivaliza con su entusiasmo por los juegos de palabras con groserías. Sus colegas en Little, Brown —incluyendo pero no limitándose a Ben Allen, Reagan Arthur, Lisa Cahn, Sabrina Callahan, Nicole Dewey, Nicky Guerreiro, Lauren Harms, Andy LeCount, Lauren Passell, Barbara Perris, Alyssa Persons, Tracy Williams y Craig Young— están vendiendo un chingo de mis libros, y yo tengo suerte de contar con ellos.

A mi equipo de Quercus en Reino Unido —originalmente liderado por la encantadora Jane Sturrock, quien le pasó la batuta durante su licencia de maternidad a la generosa y perceptiva Natasha Hodgson—, el cual ha tenido su desmadre arreglado desde el primer día. Un especial agradecimiento al trío tan trabajador de Bethan Ferguson, Charlotte Fry y Elizabeth Masters, y la nueva recluta, Laura McKerrel. ¡Son las mejores!

Gracias adicionales a Ben Loehnen y Kate Whicher por el material, a Patrick Smith de Audiomedia Production por diseñar mi audiolibro, y a Terry y Manu por regresarme mi iPhone. Rinde frutos tener amigos en el bajo mundo.

Por último, no estaría en ningún lado —mucho menos sentada bajo una palmera bebiendo margaritas— sin Judd Harris. Él es el ancla de nuestra relación y me ama incluso cuando estoy llena de mierda, la cual es una excelente cualidad en un esposo.

ARREGLA TU DESMADRE

Y COMIENZA
A GANAR
EN LA VIDA